愛，是良藥

C.M.
中美
中美兄弟製藥股份有限公司
CHUNG MEI
PHARMACEUTICAL CO. LTD.

SNQ
Safety and Quality
國家品質標章授證

製藥就是道德
Since1936
PIC/S GMP 藥廠
中美兄弟製藥股份有限公司
CHUNG MEI PHARMACEUTICAL CO., LTD.

看見希望的路口
環台挑戰活動

推薦

【用愛抱抱】-在幼小的心靈種愛

中美製藥公司是彰化的大藥廠，大企業家也是大公益家。

林滄洲董事長是該公司第二代負責人，其夫人施淑美女士與林董事長聯手胼足經營事業，六十餘年使中美製藥公司篳路藍縷、以啟山林，奠定穩固發展基礎。

施淑美女士桃李年華嫁入林家，孝順公婆、相夫教子，協助經營事業均以愛心為起點，禮讓、互利為目的，使家庭事業相得益彰。早年農業社會物資條件貧乏，施女士自三十多歲隨著慈善團體出錢出力；購置衣服、棉被、米糧等，到偏鄉及沿海地區救助弱勢及單親家庭，進而關懷弱勢機構社團，六十餘年如一日。遇到意外災變其救助義舉從不落人後，這都是施女士所堅持「存善心做好事」義行的具體實踐。

彰化縣脊髓損傷協會籌建的脊新家園，中美公司大力支持才能圓滿完成。其善行不止於至；世界其他國家的災變如尼泊爾震災等，中美公司在施女士主導下，由其孫輩代表隨慈濟團隊出錢出力協助，真是名符其實的積善之家。

近年施淑美女士體認學校倫理教育的重要，主動邀集其社團夥伴組團深入本縣國中小學推展品德教育，以演講、表演短劇等方式，在各校推展「用愛抱抱」等溫馨活動，主動關懷弱勢兒童。林滄洲董事長並成立「林滄洲教育基金會」予以支持，本項活動走遍縣內一百八十八所學校，擁抱近六萬五千多名孩子，目前活動仍持續進行中，大家都暱稱淑美女士是「彰化阿嬤」。

淑美女士年幼喪母，深刻體會單親及弱勢家庭生活艱苦，因此透過「愛的抱抱」活動，擴大傳遞愛的真諦與力量。一句鼓勵的言語，一次溫暖的擁抱與感動的傳遞，足以改變孩子原有的偏差觀念，種下善的種子，也改變孩子未來一生，其影響之大，只有當事者體會最深，更帶給這個社會正面積極的能量。

積善之家必有餘慶，中美製藥近年研發各類有益身心藥品、飲品多有成就，並獲得政府頒發多項榮譽獎勵。施女士更榮獲好人好事代表、獅子會、國際蘭馨交流協會總監、模範母親、品格之星等殊榮，其義行善舉讓人感佩。

茲值施女士大作《愛是良藥》出版之際，欣然為序以申祝賀之誠。

卓伯源 謹識

2016．1．20

推薦

從熱力四射的本源、阿利看林媽媽的美德

在過去22年之間，我主持過明道中學、明道大學、明道幼兒園、在中國的玉山學院及美國的雅典娜大學。做為一個科學研究者，我有機會也有興趣觀察子女的志氣與父母角色扮演之間的關係。我發覺：財富、地位與學歷不但未必與子女志氣成正比，反而常成為擾動因子。唯有以身作則、正向導引的父母，才能有效樹立子女志氣與價值觀的典範。林媽媽就是一個很典型的例子。我與本源、阿利一見投緣且相知20年。我由他們兩位的談吐、胸懷、魅力與慈善心，可以想見林媽媽的懿德義行成就了今日的本源與阿利。

每次與林媽媽相遇總有如沐春風的感覺。在井然有序的家居生活中，看得到林媽媽身上散發出唯有來自老一輩的優雅與慈藹。徐徐不疾的話語總讓人以傾聽為享受。本源與阿利的教養正是林媽媽美德的最佳寫照。我常跟朋友稱道本源、阿利是現代版的神鵰俠侶。本源、阿利是我非常親近的至交。我們的相識始於童子軍木章訓練，且在營火與露營中發掘了我們共同的志趣。進而是由命權到偉權連續11年的親師關係，延伸了我們兩代的情誼。自民國89年起，本源更慨允擔任明道大學董事，而阿利扮演了明道人文學院最佳公關與顧

問角色。在這20年來無間斷的友誼中，不論是在陽明山營地、在董事會議中、在茶與詩道的展演中，本源的翩翩君子風度與阿利的菩薩風雅風靡了所有人。林媽媽的母德不但教化了本源與阿利的好風度，更澤及了同樣斯文大度的三位孫子女。林家百世興旺之根源正是成功的家庭教育。

由本源承繼父業及在阿利攜手襄助之下開創新局的精神，同樣看到了林媽媽輔助林伯伯當年敗部重生的經典翻版。每次行到中美，總由員工的熱忱與熱情感受到這家公司基業長青之道，竟在員工與公司同生共命的情誼中渾然天成。

林媽媽扮演了橫跨古典女性相夫教子的婦德、現代女性專業與自我成長的堅韌，以及企業家回報社會、濟弱扶傾的慈悲胸懷，可謂今之古人，後世典範。林媽媽不凡的人生，不但澤及中美兄弟製藥、澤及社會疾苦，更藉由以愛前導的家庭教育，培育出成功的第二代及第三代林家掌門人。他們帶著林媽媽內省自勵、兼善天下的美德，永續的榮耀家族、榮耀社會。這種正面的力量正是了不起的台灣精神。我有幸認識林媽媽，不揣淺陋特向林媽媽致上我最崇高的敬意。

明道大學董事長

推薦

牽手一甲子，我是最幸福的男人！

我應該是全天下最幸福的男人了！若不是有淑美這樣一位有智慧的女人陪我牽手走人生，光靠我一個人，是不可能做到如今事業有成、家庭融洽、五代同堂，更能夠為社會公益盡棉薄之力。

回首結縭六十多載，往事歷歷在目。我猶記得，在結婚之前，我問淑美有什麼結婚願望？她說的第一個願望是婚後要孝順公婆，讓我既驚又喜。婚後，她身體力行，將孝順視為首位，直到前幾年爸媽相繼過世為止，六十多年來，淑美無一日不侍奉得無微不至。淑美的個性總是先想到他人利益，而不是自己，對家人如此，對朋友、公司同仁、社團夥伴，更是將心彼心，她就像太陽一樣，持續地溫暖著所有人。

淑美從花蓮遠嫁到彰化時，正是中美企業最需要打拼的奮鬥期，結婚頭幾年，我因為拼事業，經常從早忙到晚，四處奔波，家中父母、弟妹以及五個孩子多仰賴淑美的悉心照顧。若我應酬至深夜才回家，淑美總會溫柔地問：「辛苦了！肚子會不會餓？」她擔心我沒吃飽，總為我再炒盤飯、菜當宵夜。更難得的是，每到冬夜，淑美會先鑽進冰冷的棉被裡暖被，等我回家後便有暖和的被子可以入睡，一天的疲憊便一掃而空了。這種賢慧的好太太，真是打著燈籠也很難找到啊！

淑美也是生意上的好幫手，她總是站在我的立場想事情。我在指導下屬做事時，有時候口氣上難免比較不好聽，無意間影響到下屬的情緒。淑美便會擔任潤滑劑的角色，讓員工能夠了解我的用心良苦。早年，公司營運偶爾有金錢調度的關卡，她擔心我若知道全盤，會沒有辦法靜下來專心思考生意的決策，因此協助處理了許多公司財務及行政細節，讓我無後顧之憂，得以全力衝刺、拓展業務。

我和淑美從年輕開始便有公益服務的習慣。近年來，有感於社會風氣日漸敗壞，讓我們益發覺得教育的重要性，於是在各界協助下，成立了財團法人滄洲教育基金會。淑美從不邀功，她堅持用我的名字做為基金會名稱，自己擔任第一線服務人員忙進忙出，仍甘之如飴。有這款的牽手，我真的好有福氣。

滄洲教育基金會致力從教育紮根，為社會做更多貢獻，透過這本書的出版，期許有更多人跟隨淑美的腳步，找回純樸的品德，發揮向善的力量。

財團法人滄洲教育基金會董事長　林滄洲

自序

我出生在日據時代，和丈夫、**現任中美兄弟製藥股份有限公司董事長林滄洲**，一起胼手胝足共創事業六十多載，從早期接手家族事業負債累累，一直到四十歲之後，才逐漸有穩固的經濟基礎。

年輕時，吃過的苦頭不勝枚舉，然而，我從不怨天尤人，我將「忍耐」當成座右銘，把負面的情緒轉換成正面的能量。因為我認為，每個人一天都只有二十四個小時，是要好好的快樂過日子？還是被痛苦的情緒纏身呢？端看自己怎麼安排。我選擇了前者，因此即使是在巨大壓力、極為困苦的歲月，我仍然有創造出快樂的動力來源。

我努力把每一次的人生逆境化為今日的福田，追求一切事物皆圓滿。

侍奉父母、公婆，我以孝順為願望，從不忤逆長輩；對待先生我將他視為天，遵循另一半的每句話；與兒、孫相處，我以禮、孝教誨，養育出彬彬有禮的下一代。

我的一生至今，別無所求，可說是非常圓滿，我想，這應該也是最大的福報吧！

年紀漸長，走到八十四歲了，回首過往，家庭、事業已經圓滿無須再掛心。然而，我常常在想，自己在人生的最後一段路，要做什麼呢？我想，我的心願就是對社會奉獻了。

早年，我們夫妻倆曾經歷事業上低潮與生活的困苦打擊，受到很多人的提攜與協助。因此在遇到生活艱難的朋友時，便會出手相助，間接也幫助自己從中尋找到快樂活力的秘方。有句台語俗諺說：「光光的出、暗暗的入」，意思是做好事的時候，乍看之下好像付出很多，但是在無形中卻會得到更多的收穫。

從年輕時開始，我經常幫助極為苦難的弱勢族群，近年來則著重在「施教」的服務。很感恩佛祖讓我還有健康的身體，足夠的精力及體能，到許多公益單位與校園，分享為善的理念。

然而近年來投入公益活動時，我愈來愈感覺到，社會變遷過於快速，人心浮動，人的品性受到多元環境的誘惑，已不如從前單純的社會。透過這本書，和讀者們分享我的一生，更希望能喚起大家回歸純樸的心，惜福知足，找回美善的品德。

這是我的故事，也是平凡生活中的不平凡人生。

【楔子】

【第一章】童年與成長

【第二章】從花蓮到彰化，成為林家人

【第三章】用愛為配方，中美經營理念

【第六章】回饋社會

楔子

「來，小朋友，你們要不要跟阿嬤抱抱？」

這句話，是我最近兩年來經常講的話，特別是見到單親家庭長大的孩子，我更是心疼。因為，我從小喪母，對於沒有媽媽的孩子更能感同身受，了解他們更需要愛的力量。

一個擁抱的力量，就是一份愛！

孩子們都叫我「彰化阿嬤」，我用行動力**走遍全台**，鼓舞了超過六萬五千名孩子，要孝順、有禮貌，每天都把快樂帶回家！

第一章

童年與成長

對於生母的思念，是從來無法忘懷的。我深深覺得，天底下最可憐的，就是沒有媽媽的孩子，以致於日後我從事多項公益活動，及進入校園宣導倫理道德時，如果知道有哪個孩子沒有母親，我便會特別地擁抱他，把溫暖分享給他。

沒有媽媽的童年

民國二十一年我出生在父親的家鄉宜蘭。父親早期在宜蘭山上開火車，之後才到花蓮打拼。兩歲多時，因為父親轉換工作的緣故，我們舉家遷移到花蓮壽豐鄉。

我在家中排行老四，上面有三位姊姊，下面則有一個弟弟、一個妹妹。童年的印象當中，如果調皮搗蛋、每次媽媽要拿棍子打人時，我就會假裝哭泣，小臉蛋再模仿成獅子要咬人的樣子，本來很生氣的媽媽，看到我故意撒嬌，總是會轉為笑臉，手裡的棍子再也打不下去。

父親也特別喜愛我，可能是因為我天生有著一頭自然捲、長得QQ的頭髮，看起來像極了可愛的洋娃娃。父親每天下班回來，我都會很快地撲向他懷裡撒嬌討著要抱抱，他總是開玩笑說我是「恰查某」（台語「凶女孩」的意思），接著用他那雙溫暖有力的雙手抱住我、把我拋向空中，陪伴我玩耍。

我的童年時期好快樂，一家人感情非常好。

但好景不常，不幸的，在我九歲那年，母親因病過世了。當時母親懷了孩子，卻因故胎死腹中，由於擔心死胎在體內太久，影響母體健康，必須緊急送至大醫院開刀。當時是日據時代，受過教育的父親曾經擔任官派的省議員職務，很受日本政府重視，因此日本政府派出軍用飛機，專機搭載母親及陪同的父親到台北的台大醫院開刀。

　手術進行得非常順利，但沒想到，母親在手術之後自行起床上廁所時，不慎吹到冷風，因而感冒。那是個沒有抗生素、醫療資源不像現在如此發達的年代，一旦開刀的傷口感染了病毒，是沒有藥物可以治療的，就如同是提早判了死刑。當時我和姊弟妹們及舅舅在花蓮，接到父親從台北打回來的電話，那時舅舅只說了一句：「什麼！嚴重了！」我記得聽到這句話的時候，我當場昏厥了過去！

　一接到母親病危的消息，我和姊弟妹及舅舅連忙搭車趕到台北。那時候是十一月、天氣微寒的冬天，我穿了一件很可愛的日式衣服，母親躺在病床上跟我說：「Yosi（我的名字「淑」的日語發音），穿這麼短，小心會感冒！」這是母親告訴我的最後一句話，不久後她就過世了。我到現在都還記得當時在台大醫院病床前的畫面，即使過了幾十年，每每回想起來，依舊會忍不住熱淚盈眶。

母親在三十六歲時因病離開了我們，當時喪禮舉辦得非常隆重，還有許多日本政府的官員前來悼念。失去親生母親非常地痛苦，還好有父親的父愛陪伴，我和姊弟等仍然感覺很幸福。但是好景不常，過了約莫一、兩年，父親再婚娶了繼母，繼母來了之後，情況就大不相同了。

有句俗諺說：「春天後母臉」，指的是春天天氣多變，也像是繼母對於前妻的小孩，心情經常起伏不定。雖然那時候年紀小，我仍能明顯感覺到繼母的愛畢竟不若親生母親。

母親過世前，特別交代我和姊弟妹大家要乖巧、聽從父親的話。因此，即便繼母對我們很兇，我和姊弟妹也從不敢違背她的心意。

童年時期，因為父親在日本政府任職的關係，我的家境算是相當不錯的。加上花蓮壽豐地區是日據時期日本移民的模範村鎮，我居住的地區村落，街市規劃得非常井然有序，派出所、醫療所、國民小學等等機關都集中在市區，我和姊弟妹六人也得以就讀日本國民小學，與其他日本孩子一同接受日式教育，學習各項知識。在日據時代，台灣人能夠接受教育的不多，尤其是女性，很多人沒上過學，一輩子也不識字。

國民小學畢業後，我考上第一志願花蓮女中初中部，之後繼續就讀花蓮女中高中部。初中期間，受到音樂老師稱讚有音樂天份，邀我進入學校合唱團，並且學習鋼琴。那時我很希望有一技之長，非常嚮往彈鋼琴。但是繼母反對，她認為女孩子不需要學音樂，下課之後應該回家協助煮飯、做家事，讓我心裡為此感到相當難過。

到了高中時期，我非常喜愛唸書，成績表現不俗，畢業後順利考上師範學校公費生，不需要負擔學費，讓我既興奮又期待上大學的日子。但是，繼母仍是持反對意見，不允許我繼續升學，她認為我應該要出社會工作，賺錢貼補家中經濟。我當時心裡難免有些不平衡，因為家中其實是不缺錢的，只因為繼母的一句話，我便無法再深造。但是妹妹畢業後，繼母卻同意她唸書、如願就讀師範學校。繼母實在沒有理由反對啊！

青春期成長期間，因為繼母的限制，讓我無法做自己想做的事，心中有志難伸。然而，我也不曾因此怨恨繼母，因為我認為：天下無不是的父母，天底下最重要的事就是「孝順」，不能違背父母的心意。

姊姊、妹妹及弟弟的觀念也和我一樣，我們幾乎不曾有過和父母爭執的衝突發生，只有一次、至今仍令我印象深刻。有一回弟弟下課回家沒有煮飯，被繼母打到皮開肉綻，哭著放聲喊痛，我還記得弟弟的雙眼哭到腫起來，流血的傷口也慘不忍睹，但我只能夠幫他敷藥，並且一直安慰他，也不曾想過要反抗繼母或是離家出走。弟弟被打這件事，直到我們長大成人後，已經可以釋懷了，偶爾還會提起來，將它當成過往趣事，互相糗對方呢！

因為沒有親生母親的陪伴，在成長期間，如果被繼母罵，或是遭遇到低潮、委屈的時候，我經常躲在棉被裡小聲地哭泣，不敢讓繼母或手足知道。有時，也會向好友訴說心裡的不愉快，便想辦法趕快重新振作再出發。從小，我就告訴自己：**遇到事情不可以鑽牛角尖，與其在那邊愈想愈痛苦，不如趕快轉換念頭，把痛苦的想法排除掉，這樣會比較快樂一點。**

對於生母的思念，是從來無法忘懷的。我深深覺得，天底下最可憐的，就是沒有媽媽的孩子，以致於日後從事多項公益活動，及進入校園宣導倫理道德時，如果知道有哪個孩子沒有母親，我便會特別地擁抱他，把溫暖分享給他。

奠定基礎的花蓮一信

因為繼母的緣故，十八歲高中畢業後，我便出社會開始工作了。一開始先到花蓮航空站工作，後來經介紹轉職到中央日報擔任報紙印務的工作。但因工作內容並非我所喜歡及擅長的項目，做得不快樂，但是仍非常努力，把該學、該做的盡全力完成。

很幸運地，透過姊夫的協助，我在十八歲那年得以到花蓮第一信用合作社（簡稱花蓮一信）上班，擔任出納的工作。我好喜歡做出納及財務相關工作！那段時期非常快樂，不僅在辨公室結交了很多好朋友，工作也被長官跟同事信任，整個花蓮一信裡面的錢都由我經手處理，在管帳部分發揮了才能，專業得以表現。

當時的經理可說是非常器重我，讓一個年紀輕輕的女生，就掌管全部的現金，對我而言是非常大的肯定。

然而，做出納是個壓力跟責任相當大的工作，一整天下來，只要有一塊錢的帳對不上，我和同仁們就要把帳再重新核對過。民國四〇年代左右是沒有電腦的，我們曾經好幾次重新看帳、對現金，直到深夜十二點，確認帳目都相互吻合為止，才能夠下班。

有一次，對帳金額差了一塊錢，怎麼核對卻都不知道問題到底出在哪裡。當時經理非常有擔當，他主動說：「我暫時拿出自己的錢來賠，你們明天繼續再查吧！」幸好隔日我們查到問題，原來是因為筆誤的關係，將「2」寫成「3」，因而有了一塊錢的誤差。這件事讓我相當感佩經理，也更加信任他。

因為花蓮一信的業績是全台一信之冠，因此我在職時，待遇非常不錯。早期公司行號發放薪水的方式，是將現金裝入薪水袋中，密封交給每位同事。我一拿到薪水袋當天，一定會完全原封不動地交給繼母，信封連開都不敢打開。

和時下年輕人不同的是，我並不是先把自己要用的錢留下來，再拿出剩下的錢給父母，在那個時代，大部分的人，領到的薪水幾乎多數或全部交給父母。我也一樣，而且從來不敢主動跟父母拿錢。很多人說我非常的孝順與乖巧，一方面是尊重，但多少也有些畏懼的成分。

因為薪水全數交給繼母，我的生活費少之又少，日子過得很簡樸，很少有物質慾望。只有在星期天加班獲得的值班費，才會將這些錢當做零用錢留在身邊，偶爾買自己想要的東西或衣服。

與先生認識的緣分

我十八歲開始在花蓮一信上班，二十一歲那年，認識了我先生林滄洲，他的年紀長我一歲，當年是第一銀行（簡稱一銀）花蓮分行的行員。

先生是彰化人，一銀派他到花蓮上班時，一銀就位在花蓮一信隔壁，我每天早上上班途中，一定會從他服務的一銀門口經過，因而被我先生看上眼，就此展開了追求。

我先生長得非常英俊，經過他的追求後，我也對他留下了不錯的印象，進而產生愛意。不過當時民風比較保守，我們怕被別人發現，連在路上走路，都是一個走前頭，一個跟在後面。認識三個月後，我們就結為夫妻，身邊的同事親友這才發現。

很多人事後問我：「為什麼會這麼快就願意嫁給我先生？」因為經過相處之後，我發覺他是個很負責任的人。在認識大約五十天時，他向我提出結婚的請求，我只問了他有沒有別的女朋友後，便很快就答應了。

我沒有被戀愛沖昏頭，對於婚姻可是很有原則的。結婚前，我問先生：「你在彰化有沒有女朋友？假如有的話，我們不要再來往。」因為在我的觀念裡，他今天可以換女友，明天也可以把我換掉，太沒有保障了。先生跟我保證他沒有別的女人，我們便準備結婚。而他也的確用一輩子信守了當年的承諾！不少經歷過日據時代的男人，娶小老婆、有三妻四妾是很正常的，我先生卻沒有小老婆、也不曾在外面有過別的女朋友。

當時花蓮一信經理對我很好，得知我要結婚的消息，一開始是反對的。他說：「妳這麼優秀的女孩子，在花蓮可以有很好的發展，不需要嫁到彰化這麼遠。而且，聽說彰化人非常喜歡娶『細姨』！」（台語「小老婆」的意思。）

經理非常疼我，專程寫信給他在彰化一位擔任醫師的朋友，向對方打聽我先生的家庭及人品，確定林家在彰化經營製藥行業、是正派經營後，他才漸漸放下心中的擔憂。

結婚這件事情，父母一開始是不答應的。尤其繼母覺得我在花蓮一信的收入很高，不應該放棄這麼好的職務跑去結婚。當年的社會風氣，女性結婚後便不再到外頭工作，多半在家協助夫家事業或在家相夫教子。倘若我結婚，等於放棄人人稱羨的金飯碗。

然而，我和繼母的關係緊繃，心想如果結婚便可以脫離這樣的生活。加上當時三個姊姊都結婚了，小我一、二歲的弟妹也已經長大，不用我再操心看顧。於是，我在將近二十二歲的年紀結婚，從東部花蓮橫跨大半個台灣，嫁到中部彰化，在一個熟人都沒有的陌生城市，展開人生新的一頁。

第二章

從花蓮到彰化，成為林家人

上車前大姊在巴士站說的話， 我一直銘記在心。她用台語說：「 靠自己的腳後肚才會生肉，父母的嫁妝用不了幾世人。」

沒有嫁妝的婚禮

因為彰化到花蓮路途遙遠，我提前到彰化入住市區的中央旅社，結婚當天，男方再到飯店進行迎娶儀式。

從花蓮坐巴士離開的那天早晨，除了父母之外，姊姊、弟、妹、好友及好多親人都到了，大家在巴士站送我北上。我在巴士站一直無法克制情緒，哭個不停，我好傷心，因為繼母沒有給我任何嫁妝！

親友們紛紛安慰我，沒有嫁妝已經是事實，就不要再怨嘆，未來的一切自己要努力，路是自己走出來的。

一直到上車後，望著沿途的風景卻無心欣賞，我依舊哭哭啼啼，惦記著沒有嫁妝這件事，也決定化悲憤為力量。上車前大姊在巴士站說的話，我一直銘記在心到現在，她用台語說：**「靠自己的腳後肚才會生肉，父母的嫁妝用不了幾世人。」**

這句話影響我至深，幫助我婚後從無到有，我日後也跟兒子、孫子說，要用自己的方法，認真地走出屬於自己的路，才會有好的將來。別人給你的，都不是永恆。

三封空批紙

結婚之前，先生的工作從花蓮第一銀行調派到台北，有一天，他從台北寄了三張空批紙（空白信紙）給我，要我回覆他結婚的願望。我回給他的第一張信紙寫：「我九歲就沒有媽媽，第一個願望當然是婚後要把公婆視為自己的父母來孝順。」第二張信紙寫：「我要疼惜你的弟弟妹妹，如同我的手足一樣。」最後一張，我告訴他：「我要做一個好太太。」

先生收到信之後，感到非常意外，因為一般的女孩子，可能會先要求老公要對自己好，但我卻跟其他女孩子不一樣，想的是先照顧其他人。我結婚的願望，都是從先生的角度出發，想要好好照顧他身邊的家人。

這三個願望當中，我把孝順擺在第一位。因為，即使繼母對我不好，我也不會忤逆，而結婚之後，我也認為一定要孝順公婆，把他們當成自己的父母一樣。我如果不先對公婆付出孝心，又怎能期望得到他們的疼愛呢？

懷著對婚姻的憧憬，我到書店買了一本厚厚的日文參考書《女性的寶鑑—當新娘之後，要學習的是什麼？》，這本書的內容，簡單的說就是在談孝順公婆，以及如何對待小姑、小叔、先生一家人。每天有空我就會認真研讀，期許自己能成為好媳婦、好嫂子。

我二十二歲結婚，從此開始了人生最精彩的日子。所謂的精彩，其實是人生最艱苦，卻也最多采多姿的一段時光。

嚴謹的婆婆，成就今日的我

結婚前，我不知道公婆的個性，直到婚後才感受到婆婆是個很嚴謹的人，也展開了辛苦又緊張的婚姻生活。

由於婆婆是獨生女，又是招贅，因此婆婆在家中的地位比公公更為強勢，讓我在新婚階段可說是吃足了苦頭。新婚前三天，我傻傻地完全不做家事，到了婚後第三天的時候，婆婆站在我的房門口告訴我，她的某位朋友娶了媳婦，隔天就懂得端洗臉水盆給公婆。聽到婆婆故意這麼說，到了第四天，我當然就知道要比公婆更早起床，一早就準備好洗臉的臉盆及毛巾，站在公婆房門口，等候他們起床梳洗。

到了晚上，不管公公幾點回來，即使是深夜十二點、一點，我也一樣會端著洗臉水盆，等他進家門的時候，可以讓他洗手、洗臉，孝心不分晝夜。

那個年代的媳婦很可憐，吃完第一碗飯，即使肚子還餓，也不敢再添第二碗。有時候我不知怎麼調適，感覺自己不是新嫁娘，而是一種當女傭、僕人的感受，心裡很不是滋味。

剛嫁到林家時，特別是前兩年，因為先生當時被第一銀行調派到台北工作，一直到「八七水災」中部發生嚴重水患，先生才離職回到彰化承接家裡事業。因此新婚前兩年，我每天獨自和公婆朝夕相處，到了晚上沒有傾吐的對象，年幼的孩子也早已熟睡，所以睡前便養成了自我反省的習慣。

我會回想今天做了什麼事？說了什麼不應該說的話？有沒有哪一句話跟婆婆的應答是不對的？還有哪些地方尚待改進？明天要如何的精進呢？倘若婆婆今天講了一句不高興的話，我就會想出因應之道，不再犯第二次錯。

記得有一次，婆婆見到我用拖把拖地，罵道：「為什麼站著拖，沒有跪下去擦？」那天晚上，我反省自己沒有察顏觀色，了解婆婆的生活習慣，因而讓她這麼生氣。從此之後，我就一直改變自己，隨時用心配合夫家每個人的需求。

婆婆因為是獨生女，在古早年代可說是一生好命的「萬金小姊」，所以帶孩子的部份，婆婆並沒有給我太多的幫助。公公比較疼我，在我懷孕的時候，還特地騎腳踏車，專程到市區買東西給我吃，讓我補補身體。

與婆婆相處六十多載，吃過的苦頭真的多到不可勝數。舉例來說，以前的年代，回娘家要問到婆婆點頭說好才可以，在結婚第十八年時，我曾經細算過，回娘家的次數只有六次，等於三年才一次！

從彰化市到花蓮壽豐鄉，路途非常遙遠而且難走，從中部橫越中橫走中央山脈，距離雖然比較近，但是早年公路建設不像今日如此便捷，山路崎嶇難行，往往要從中部繞經北台灣，再沿著濱海公路經過九彎十八拐，方能到得了花蓮。即便是今日，從中台灣到花蓮一趟也要六小時以上，更遑論當年大眾運輸不方便，坐車回壽豐娘家一趟，就要耗掉一整天的時間。

雖然好幾年才回一次娘家，但我也不敢久待，帶著孩子最多待上一個禮拜，便要趕快回來，以免先生及公婆沒人照顧。

現代的媳婦，所遭受的待遇，根本不能跟那個年代相比。現在很多夫妻不在家開伙吃飯，甚至不跟公婆同住，在民國四、五十年代根本是不可能發生的事。

剛嫁作人婦所受到的震撼教育，聽起來也許有些殘忍，但對日後的修養卻是大有幫助。那段時間的媳婦養成訓練，到底是被欺負，還是受益良多呢？在我看來，絕對是後者多於前者，關鍵在於，**只要轉個念頭，一切就會海闊天空了**。

對於婆婆的嚴格要求及教導，我一點也不怨懟，我鼓勵自己抱著正面樂觀的態度，當做是鞭策自己努力經營事業、夫妻跟家庭的力量。如果當時她對我很寬容，可能我的個性就會變得比較懶散，就不會有現在的我，更沒有辦法和先生胼手闖出一番事業。

婆婆晚年經常跟我說：「如果沒有妳，就沒有今天的『中美』。」這一番話，讓一切的辛苦都值得了！公婆已經於幾年前相繼過世了，回想過往六十多年，我將公婆侍奉得無微不至，完成當年「孝順公婆」的結婚願望，我心安理得。

—第三章—

用愛為配方，中美經營理念

公公走遍台灣中部各大小城鄉，挨家挨戶將「中米藥房」的名號，透過掛藥包仔的方式，放置各家，也讓公司及產品聞名全台。這種先使用、後付費的寄藥包方式，充分展現出公公濟世救人的道德感。

打拼的日子

嫁到彰化之後，我在六年內陸續生了五個孩子，加上年紀尚未成年的小叔和小姑也得照顧，還要侍奉公婆、先生。不只煮飯、洗衣一堆家事要做，接送孩子上下學、監督孩子課業，加上幫忙公公及先生的製藥事業，總是忙得沒有時間喘息。

中美製藥的前身是「中米藥房」，由公公林金枝所創辦。日據時代，台灣社會因為貧窮及交通不便，普遍缺乏醫療資源，因此每戶人家幾乎都會採用「掛藥包仔」的方式，由藥房先將家庭常用藥，掛放在家庭配置寄放藥包的牆面上（台語稱「藥包仔」），一旦客人使用，再行付費。

早年，公公走遍台灣中部各大小城鄉，挨家挨戶將「中米藥房」的名號，透過掛藥包仔的方式，以「疳積餅」（治療蛔蟲藥）、「打落地」（殺蟲劑）、「固爾明」（眼藥水）等產品放置各家，也讓公司及產品聞名全台。這種先使用、後付費的寄藥包方式，充分展現出公公濟世救人的道德感。

然而，在還沒有電視的時代，公公為了宣傳藥品，投入過多經費做電台廣告導致財務虧損，在民國五〇年代，公司的債務高達四百五十萬新台幣。先生身為長子，為了家族事業的名譽，便毅然決然離開收入穩定的銀行業工作，回家扛起家中的製藥事業，投身多變的商場。我們對藥品市場經營是相當陌生的，這份事業的艱難度可想而知。

我先生是屬於思考型的人，生意頭腦很好，判斷力果決，總是可以精準地判斷大局，對於細節的掌握也很到位。先生負責跑生意、顧業務，他做事很認真、有責任，而且對客戶一諾千金，獲得很多人的信任，願意協助我們一起打拼。中美在先生接手後，生意扶搖直上，不僅還清債務，更開始有了盈餘。

公司內部的部分則交由我處理，像是行政、財務，甚至包藥都是我親自打點，很多繁雜而辛苦的工作都親手執行。

早期的藥品包藥相當麻煩，在那個沒有機器代工的年代，完成一個藥至少需經過二、三十道人工手續之多。舉治療蛔蟲藥「疳積餅」為例，要先將兩塊帽子形狀的藥材包在一起，用力敲打使之貼合，接著放置在燒著炭火的高溫火爐上面烘烤至乾燥，再以透明的玻璃紙包裹後，裝進塑膠袋內加以密封，最後裝進玻璃罐子內。

這些還不是最後的程序呢！在完成後還要小心翼翼地將玻璃罐放入木箱內，以釘子釘箱後、麻繩綑綁，再拿到貨運行寄送至各通路單位。早年沒有塑膠繩，綑貨的麻繩並不像今日容易取得，通常要自行到稻草田裡，收集稻子收割後餘留的稻梗，拿回家後再徒手將稻梗捲成一捆一捆的繩子。

在捲麻繩的時候要很用力拉扯，成捆的稻梗很粗，經常會刮破手皮。一開始我不懂得要戴手套，釘箱子時也常常釘到手，經常滿

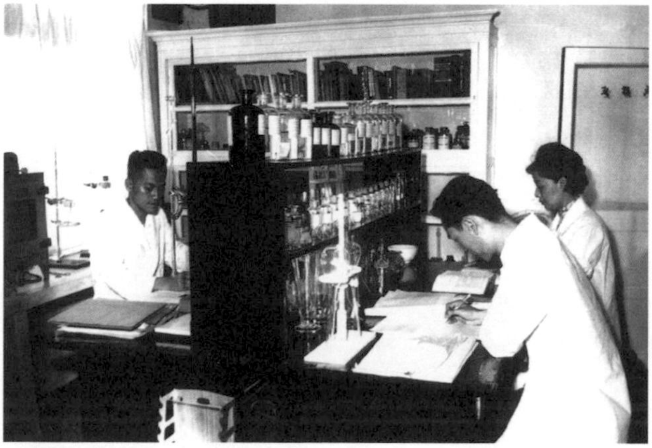

手甚至身體多處流血，但出貨在即，不繼續包捆貨物怕會來不及耽擱，只能趕快擦點藥膏，咬牙繼續完成。到了晚上靜下來時，經常是痛到睡不著。先生問起也不敢說痛，只能騙說因為在想娘家而忍不住流淚。

在努力還清債務的那段日子，我和先生拼命想賺錢，一家人住在彰化市中心、靠近舊基督教醫院附近的一間土角厝（用土磚砌成的平房），住家就緊鄰著工廠，但每天忙碌到連回到床上睡覺的時間都不夠。

當時，藥品銷量雖然不是非常的多，但在先生接手後日漸起色，我們雇請了五位工人幫忙，但人手還是不足，幾乎凡事

愛是良藥

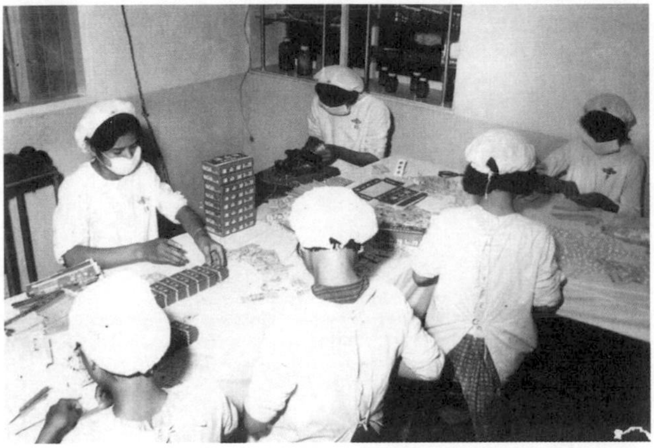

都要我們親力親為。為了製藥，我們還特別做了一個燒炭火的土窯設備，用來烘烤藥品。這個設備的炭火溫度必須經年保持固定的高溫，所以隨時要有專人看顧著，非常地麻煩及費事。

當年的製藥不像今日法規那般嚴謹，不需政府合格認證的工廠及藥師駐廠，只要向有執照的藥劑師租用牌照，就可以製造藥品了。因此，早年在調配藥物時，我會特別去請教藥劑師，但因為不是醫藥相關科系畢業，對很多醫學專有名詞完全不懂，總是在工作忙碌了一整天之後，晚上再特別花時間自學，研讀相關學識，並經常與藥劑師討論如何製藥的配方，再加以調整。我邊做邊學，從一開始的醫藥門外漢，漸漸地步上軌道。

與先生努力打拼時期，白天我要幫忙先生做生意，協助做藥、出貨，以及處理行政、財務部分，晚上還要花時間自學醫藥相關的知識。同時間，我還有年幼的五個孩子要照顧，也要侍奉公婆，幾乎沒有什麼時間可以好好睡上一覺。每天晚上能睡到三個鐘頭，就已經很奢侈了，幾乎都是到了天微亮的清晨，才有空閒可以瞇上眼睛休息一下，日子過得比別人還緊湊、辛苦。

全家為了還債，可說是省吃儉用，家裡很少有機會可以吃到肉，五個孩子也吃得很簡單。因為經常忙著工作，較大的孩子也會一肩挑起照顧弟弟妹妹的責任。

當時家裡負債很多，既要維持公司營運、又要一邊還清債務的情況下，每天都面臨現金周轉不及的危機，特別是每天到了下午三點，心理壓力總是非常大，必須提心吊膽「趕三點半」，趕在銀行關門前補足帳戶內的款項，避免支票跳票，影響商譽信用。每天都不知道有沒有足夠的錢，能夠度過這一天的難關。三點半對當時的我來說，可以說是一條生死線！

由於手邊經常沒有足夠的現金，更曾經發生過沒有錢帶孩子去看醫生的窘境！

我還記得，二女兒五歲的時候，有次發了好幾天的高燒遲遲未退，但當時手邊僅有的一點現金，是當日趕著存進銀行軋支票用的，完全沒有多餘的錢。心急如焚的我，一方面憂愁公司財務，一方面更擔心孩子再繼續發燒，會燒出大病來。情急之下，只好跟員工借錢，開口向一位非常疼惜我的資深員工借三百元，帶女兒去看醫生，病情才控制下來。

金錢方面的壓力，我會盡量攬在自己身上，不讓老公知道。我怕他若知道全盤的話，在外面做生意會擔心，或者是沒有辦法靜下心來，好好思考生意的決策。

曾經有段時間，夜深人靜時，我在終於忙完一整天的工作及家事，好不容易可以喘口氣，靜下來好好思考的時候，曾經萌生：「這種苦日子什麼時候才會結束？」的念頭，對此感到灰心疲憊。但幸好，每每看到五個孩子躺在床上睡得可愛又香甜的模樣，心裡總是能夠得到一股支撐的力量與安慰，便打消了沮喪的念頭，很快振作起來。有很長一段時間，我是在這樣的心理煎熬之下，慢慢走過來的。

民國 57 年，第一次出國參加吉隆坡世界藥商業務會議。

長嫂如母

我和先生日以繼夜努力還清了債務，生意開始有了盈餘。到了民國六〇年家族要分家時，公公要求我們提供五百萬元給先生的弟弟做為分家的費用。

一開始我有些不能諒解，甚至覺得不公平。不過很快地，我站在公公的立場思考，就了解到因為孩子手心手背都是肉，公公做為父親，覺得我先生比較會做事、能賺錢，加上很有責任感，所以要多負擔一點照顧弟弟妹妹的職責。

為了照顧弟妹，在剛開始分家的頭幾年，我們更加努力經營事業，並從中每月提撥十五萬給小叔，連續支付了三年多，直至五百萬元付清為止。直到今日，小叔每每提起這筆分家費，仍相當感激我們當年的辛苦。

俗話說：「長嫂如母」，的確，我嫁進林家時，小叔才八歲而已，對於小叔及二位小姑，就好像照顧自己孩子的情懷一般。記得有一次，得知小姑隔天要參加學校遠足，我連夜幫她做了一件新衣服，她拿到後開心的不得了。

因為早年經濟不寬裕，每年過年前，我就會想辦法把現有的舊衣服改造，總是會趕在新年第一天，讓孩子和小叔、小姑，人人都有一套新衣服外出拜年。

還有一次，我和先生難得外出約會看電影，隔天早上，才十多歲的小叔和小姑對我說：「阿嫂，以前哥哥看電影都會帶我們去，這次就沒有。」聽到這話，我知道自己沒有顧及到他們的感受，以後若出門去玩，一定會問小姑、小叔要不要一起去。

時至今日，小叔及小姑年紀也都已經七十多歲，大家感情仍舊像以前一樣非常好，有什麼事他們都會找我商量、傾吐心事。每次他們回家，我更會煮一大桌菜，每逢過年過節也盡可能團聚，倘若無法回來，他們會親自打電話給我。每當公司有活動，先生一定邀請他們一同參與。

小叔和小姑曾稱讚我是一個很有大嫂風範的人，說：「大哥如果沒有娶到這個大嫂，就沒有今天的中美。」這句話可說是非常肯定我對家庭的付出，聽了好生欣慰。

愛是良藥

用愛與老公互動

我先生在日據時代受日本教育，可說是非常的大男人主義，而且脾氣也比較剛烈，為了配合他，我做一個把自己縮到最小的小女人。

因為受到傳統的日式思想，先生對我來說就好像皇帝一樣，做老婆的只能尊重、順從，不能夠違抗他，也不敢多計較。每天早上我一定是家中第一個起床的人，先生、公婆還沒吃飯，也絕不能先吃飯。

然而，當年很多男人有好幾個老婆或是女朋友，但先生對我的忠誠度卻是當時少有的。打從結婚開始，他就承諾除了我之外，絕不會有其他的女朋友，這個承諾，他守了一輩子。

年輕時為了打拼事業，先生經常半夜兩、三點才回來。我便會深夜起來，跟他說聲：「辛苦了！肚子會不會餓？」如果先生說應酬沒吃飽，我就會立刻再炒盤飯菜給他當宵夜。那個年代還沒有瓦斯爐，半夜需要重新燒柴煮飯，但我一點也不覺得苦，只希望用暖呼呼的熱食，溫暖先生一天的疲憊。

以前的物資不像今日如此垂手可得，有一回先生洗澡前，突然發現沒有內褲可以替換，我說「你儘管去洗」，待他洗好後，我已經用現成的衣物，親手縫製好一件內褲奉上。

結婚之後，先生賺的所有錢，全拿回來交給我，一直到現在仍舊一樣。他經常自嘲，說自己是最窮的生意人，錢都在太太手中。

會把錢交給我，除了尊重我之外，物慾少也是其一原因。像現在他年紀大了，每個月除了理頭髮之外，幾乎沒有別的花費了。要用的錢，都向我申請，但我會從細微處觀察他的消費狀況，從不讓他開口跟我要錢。若知道他明天要用錢，或和朋友有聚會，我就會在前一晚，把錢擺在他的錢包裡，不讓他第二天擔心。

許多人認為我是個很貼心的太太，總是將先生的一切打理得十分妥貼。像是出外用餐，我會把食物處理好，帶殼的蝦、蟹、蛤仔，一定會從湯裡面特別撈起來，再把殼剝開，逐一取出肉，再盛到碗裡拿給我先生吃。每天早上出門前，我也會仔細地幫他打理門面，把頭髮梳整齊、衣服皺摺處抓順，讓他隨時看起來精神奕奕，即使已經八十多歲，也帥氣依舊。

先生如此依賴我六十多年，除了很會做生意外，其他事情都不會自己打理，日常穿著連內衣褲放哪兒都要我幫他準備，出國旅行更是一路跟著我，否則哪都去不了。孫子們經常跟阿公撒嬌開玩笑，說：「阿公做生意賺錢很厲害，生活方面卻有待加強喔！」

結縭六十多年來，要說都沒有爭吵是騙人的，我們夫妻倆多多少少會為了管理事情有意見相左的時候，但是最後我都會順著先生，只從旁提醒，最後的決定大權還是交給他。

夫妻相處，其實沒有高深學問，全在於「忍讓、善解、真誠」，尤其是忍讓這一項，一般人最難做到。夫妻之間難免動氣，但我大

愛是良藥

多選擇包容，及默唸「阿彌陀佛」來弭平心中的不滿，這點對我來說頗有療效。

從認識以來，我多數時間都是以先生的意見為主，直到最近，為了他的健康著想，才敢第一次婉轉地跟先生開口說「不」。

近年來，先生因為身體狀況較差，需要特別照護。前陣子，我和親友到中東的杜拜旅行，以前每次旅行，先生總是同行，但這次我跟他說：「你身體不舒服請不要去，假如半路你生病、發燒了，會讓其他人很難照顧。」我建議他，先把身體養好，或是等到比較近距離的旅行，例如日本、東北亞等地短期出遊的時候，再一同前往。以前我根本不敢這樣說出口，這次完全是為了先生的健康著想，才敢大膽地拒絕。

先生完全不懂什麼是浪漫，也從不曾在特殊節日送過我禮物。牽手或是說愛我的次數，用手指頭就數得出來。他唯一做過浪漫的事情，就是民國一〇二年結婚六十週年的時候，舉辦了一場盛大而熱鬧的餐會，席開五十桌邀請各界好友，公開在台上感謝我。

牽手一甲子，我和先生榮獲鑽石婚表揚，接受彰化縣長頒獎。

先生的個性一板一眼，幸好孩子沒有遺傳到爸爸的嚴肅或是大男人脾氣，兒女的個性從小受到我的薰陶，都像我一樣溫柔，兒子也非常疼老婆、小孩，讓我倍感欣慰。

溫棉被的故事

我對老公的順從以及愛意，經常讓旁人覺得不可思議。我「寵」老公的事蹟，即使到現代，相信也不見得有多少人能做到。

早年在拼事業時，先生因為做業務的關係，難免要到聲色場所應酬，許多男人因而陷入燈紅酒綠的生活，但我先生沒發生過這些事，他心中想的就是要趕快賺錢還掉父親的負債。

當時他回家晚了，我從不多過問，最多就是關心他會不會餓，怕他應酬吃不飽。我是個很疼惜另一半的太太，冬天天氣冷，棉被睡起來會很冰涼，我便會先鑽進先生的被窩，等他回來後有暖和的被子可以立即入睡。

為何要暖被呢？因為我覺得，自己每天晚上比先生早上床睡覺，但他為了這個家，還要在下班後繼續應酬，倘若回到家睡到冰冰冷冷的棉被，根本無法好好睡覺。我幫他暖被後，他就比較好入眠了。

這個冬天暖被的舉動，我持續了至少二十五年之久，先生直到後來才知道，當然也為此感動不已。

酒店小姐的來電

在婚後二十多年、我和先生五十多歲時，當時先生的事業正蓬勃發展，公司的生意蒸蒸日上，有一次我和家人在家中聊天，突然有通電話打來，要求和我講電話。對方表明自己是一位在酒店上班的女子，跟我先生過從甚密，為此她提出了一些要求。

我聽了之後，平靜地問她：「我先生去應酬有付妳錢嗎？」

她說：「有。」

愛是良藥

我便不慍不火地回答她：「既然有付錢就是交易了，不能說是愛。那我先生也就沒欠妳什麼了。」

掛斷電話後，我走回客廳，並未質問先生，也沒特別向在場的家人多說些什麼。但大兒子和大媳婦後來得知此事，對我的包容力十分佩服。

一般的太太聽到這樣的消息，可能第一時間就抓狂了，畢竟先生在外面花天酒地難以讓人接受，但我卻覺得，應酬上的往來，是生意人的常態，我也明白先生難免需要逢場作戲，商場上的運作就是如此，這點我可以諒解。

後來，當先生知道我無意質問他此事時，心裡反而覺得有愧於我的信任。對我的度量及智慧更加感謝，而後再也沒有類似的事件發生。

忍耐是我的座右銘

孝順長輩是人生第一要件，第二要件則是要服從先生，這是我一直以來的想法。吃飯時間一到，如果公婆或先生沒有上座，我是不可能先用餐的。洗澡也是一樣，總是讓公婆、先生先洗，自己留待最後。別人家有沒有這樣的規矩，我不知道，但我自己會想，身為一個媳婦、太太，應該怎麼做才是最適當的。

在家庭生活中，一定難免與家人有磨擦，碰到不如意的事情，我會告訴自己任何事情都可以忍，也應該忍。所以我從婚後就一直提醒自己，萬事都要忍耐。假如我的人生當中沒有忍這個字，真不知道會發生什麼事情。

忍一步海闊天空

我這輩子一直服膺「忍耐」這兩個字，萬事皆能忍，一切都會大事化小，小事化無。

忍耐這兩個字對我這一輩子有很大的幫助，可算是我的座右銘。什麼事都能忍的話，就沒事了，當然過程很痛苦，但時間會沖淡不愉快，或是可以證明你是對的。過程雖然辛苦，但這麼做卻無愧於心。

有一年生日，孩子們在房間及窗戶都貼滿了「忍」字，看到這場景，我忍不住立刻掉下眼淚。童言童語的孩子，都懂得媽媽受的委屈，也能夠從小就跟著我體認忍耐的重要性，他們長大成年後，也傳承了我的忍耐個性。

我常常跟家人、朋友說，「忍耐」這兩個字一定要隨時掛在心裡面，凡事忍耐就可以善解得掉，這樣子心裡就會快活，晚上睡覺前也沒有什麼好煩憂的了。但是忍耐並不是很容易做到的事情，是需要經過訓練的。怎麼訓練呢？我的方法是：經常不斷的、時時刻刻的提醒自己。

人很奇怪，聽到一句壞話或是一個壞消息，經常會一直想著，將之放在心裡面很久，成為一個負面的瘩疙。所以我們應該要改變這種負面力量，把正面的話不斷、不斷的講出來很多次，這樣就可以加強正面的能量了。

愛是良藥

所以我一直跟自己說，要對人說好話、不批評，便可以學習到忍耐的精神。「忍耐」兩個字非常的好用，如果什麼事情都可以忍得下來的話，家庭、公司、朋友之間絕對沒有雜音，也不會吵架。

在大愛電視台有一個節目叫做《三代之間》，是由我的大媳婦李阿利擔任主持人，闡揚傳統婦德。在某幾集的節目中，我分享了「忍耐」的智慧和方法，如果可以從「不忍」到「忍耐」到「退讓」，可說是一個女人最高的智慧。而「忍耐」這兩個字，也是　上人證嚴法師經常教導大家的做人修養。

上人常說，做人要「善解」。對人要懂得善解，即使對方有意傷人，只要我們無心接受，對事不要存有成見，打開心門事事包容，內心必然心安自在，也就沒有什麼是非恩怨了。

轉個念頭，一切就不同。我很喜歡這樣的觀念。

如今，我已經可以忍到面對任何事情都很自在了，也會勸別人說：「忍耐就是在種福田，而且如果能夠忍到沒有恨，心裡不僅很舒坦，也能贏到一個金盾（意指財庫飽滿），何樂而不為呢？」

第四章

危機就是轉機——從負債到成為全國大藥廠

在這個微利時代，很多公司會盡量壓低成本以求營利，但對我們來說，公司經營的方向，不是單純的看報表上的獲利數字，更不是以科學化、數字化的方式來管理員工及製造產品。我們關心的是：產品有沒有真正幫助到需要的人。

做事之前要先學會做人

中美兄弟製藥有許多重要幹部，都是一路跟著公司打拼三十年以上的，不少員工更是在我的孫子們出生前就開始在公司服務，從事業正在發展的時候，就跟著我們一起篳路藍縷，對公司一路忠誠到底。公司從早期五個員工一路發展到現在一百多位，人事的流動率卻很低。

這是怎麼辦到的呢？我想，這要歸功於我和先生一直在教導同仁和晚輩的：「先學會做人，再學會做事！」

我們認為：做人要誠懇，對每一個人不管是什麼樣的身分、地位、職業、年齡，都要用最誠懇的心來對待對方。所以在中美的內部訓練時，我們不是教新進員工如何處理公事，相反的，我們會先教同仁做人要「誠懇、用心、有禮貌」。如果你懂得怎麼做一個人的話，你一定能夠把事情做好。

公司規模愈來愈大，現在我不可能一一當面教導每一位員工如何做人，所以從新同仁的員工訓練開始，我們就很注重互相影響。並且在用人的過程中，將公司的觀念不停地告訴員工、影響其做事的方法，員工久而久之就能夠了解老闆要的是什麼。

公司很多資深員工在言談舉止當中，都流露出優雅的行儀以及做人的智慧，比一般的生意人更多了人文風範。我想，這應該就是公司的文化，以「誠懇、用心、有禮貌」為理念，所造成的深遠影響吧。

讓人佩服的是，很多中美的員工都把公司當成家，更把這裡的工作視為自己的事業在經營。老闆不在公司坐鎮，可以照常生產、正常營運，這種精神讓我很讚歎。誰說老闆一定要坐在旁邊督導，才能做好事情呢？倘若這樣，又有幾個老闆做得到？

在辦公室牆面上，貼著各式標語，提醒同仁隨時保持專業的工作態度

員工有的時候必須加班，我會問：「吃飯了沒？要早點下班喔！」如果加班到了晚餐時間，我會盡可能提供餐點給他們吃，像是煮麵線、煎個蛋，烹調一些簡單的餐點加菜，再請人幫忙端菜到辦公室給加班的同仁吃。

把員工當成家人一般疼惜，想到他們沒吃飯、工作有低潮⋯⋯，我也會覺得很難過。人是互相的，我對你好，你也會對我好。長期下來員工就會將心比心，把經營團隊當成家人。

我經常對同仁說：「感謝你們，讓我很有信心拼事業，一切都能夠順順利利的。」我相信我的心念，員工們也一定能夠收到，並且互相善待。

愛是良藥

中美八十年，對待員工如同對待親人，將心比心

每次進到公司，同仁都喜歡跟我抱抱、問好。

中美製藥前身是「中米藥房」，由我公公林金枝所創辦及命名。為什麼取名中米呢？「中」指的是中國、「米」則是指美國（日本話稱美國為「米國」）。在民國三、四〇年代，美國援助台灣物資，提供的大量麵粉袋上面都會印有「中米合作」的握手圖樣，後來台灣光復後，公司名稱就將「米」字改為美國的「美」，既好聽又好記。

中美製藥至今已成立八十年，是國內最老字號的製藥廠之一，經營涵蓋兩百多種中、西藥品。目前由我兒、孫接棒管理，已傳承給第四代。

中美的企業經營出發點，是用最高的品質做最好的產品，以及提供最貼心的服務，能夠為生病的人改善狀況為己任。不論是對經銷商，或是最終端的使用者，我們都用「心」經營身體健康。從產品的原料、製程、品質管理、包裝設計……到與通路及消費者的互動，我們都抱持著這樣的理念。

在這個微利時代，很多公司會盡量壓低成本以求營利，但對我們來說，公司經營的方向，不是單純的看報表上的獲利數字，更不是以科學化、數字化的方式來管理員工及製造產品。**我們關心的是：產品有沒有真正幫助到需要的人。**

我先生有很好的遠見，治理公司親力親為。在尚未將事業交棒給大兒子之前，他每天都會親自看過每一筆訂單，從不缺席。在電腦尚未普及的年代，出貨、會計傳票必須用手寫，寄貨給廠商的地址貼條，也都是一筆一筆以手記錄。

早年，中美的業務所負責的區域採用分區制度，由北到南每位業務會負責好幾個縣市。古早時代的業務報表不像今日可以即時透過網路連線，從電腦系統後端立刻了解業務狀況，但我先生會每天以電話監控即時掌握，並仔細看每一個業務代表今天的訂單金額總數，了解他負責的哪一家客戶訂了哪一項產品？多少數量？金額？有缺貨嗎？什麼時候會補齊？工作態度相當嚴謹認真。

公事上我們夫妻倆的分工是，先生做生意業務端，我負責人事及財務的部分。以前外人打電話到公司來，是沒有分機制度的，因此有時候同仁跟客戶講電話，我會拿起話筒，靜靜地在一旁聆聽，如果聽到同仁對客戶的態度有不好的地方，我會在電話結束後，馬上請該位員工過來，當面糾正他，請他下次改進。員工一開始會懼怕我在公司，很擔心每次掛了電話被我叫到名字，但是久而久之，員工會發覺我是對事不對人，因為我從不曾大聲怒斥人，相反的，我會像長輩一樣，教他們做事要英明、有果斷力，而且採取公正的做事方法。

我在帶人的原則是：對就是對，錯就是錯。員工一定會偶有做錯事的時候，例如人一定會有筆誤，偶爾會寫錯字、記錯數目。雖然這是難免，但在工作上面我會要求同仁朝百分之百完美來邁進，將每個人未來都當主管或獨當一面的方向來訓練，所以要求上會比較嚴格。

愛是良藥

月嬌（瑩潔）是跟著中美成長 37 年的優秀資深員工，更是我的家人！

在生活方面我就輕鬆許多了，公司的業務代表每個月會回公司開會兩次，我總是會親自煮點心給業務代表們吃。曾有業務代表跟我說過：「董事長夫人，妳煮麵線給我們吃，就好像把我們的鼻子牽著一樣啊！」意思是我親手煮食，讓人感受到溫暖，不知不覺之間也抓住了對方的心，大家的向心力及安定性在無形之間都會比較穩定。我聽了這番話，覺得既高興又受到肯定。

的確啊！我把員工當成一家人，每次開會前，總是懷抱著期待見面的心情，希望透過料理讓員工感受到我的用心。幾乎想得到的食物、點心，都曾經一一煮過，像是米粉湯、丸子湯、爌肉等菜色，很多員工更是念念不忘，直說一級棒。有時候，同仁或客人到家裡來做客，吃得津津有味，我便會多燉一鍋爌肉或是多準備一些料理，讓對方帶回家吃。

愛是良藥

扮演和事佬

我和先生非常重視老闆和員工的感情，對於員工也相當放心，所以我從來不曾兇過一句難聽的話語，若同仁有做不好的地方，往往只需要提點一下，對方就會自動自發改正。

但人和人互動，難免會有火氣較大的時候，有時主管會不小心對下屬發脾氣，因此在家裡或公司，很多時候都是我在「洗棋子」，扮演和事佬的角色。

我先生近年罹患糖尿病，必須在家自行打胰島素。有一次，協助施打的女性員工，將胰島素的英文代號寫錯了，導致差點打錯藥，當下先生責罵得很嚴厲，讓員工非常難過。辨公室同仁知道後，大家的情緒也跟著低落。

我知道這不是同仁單方面的錯，畢竟人非聖賢，但先生罵得太兇是事實，我便想了一個辦法，希望彌補她心中的不舒坦。隔天晚上，我帶著同仁們一同去吃火鍋，在吃飯的時候，大家互相開玩笑，氣氛又回到昔日的歡樂。

晚餐吃到一半、氣氛正和樂的時候，我卻接到電話，先生想要前來一同用餐。唉呀，這怎麼可以呢，我原先的計畫當中，他是不應該來的，他來的話，前一天被罵的員工見到面一定會覺得很尷尬，心情肯定再受到影響。怎麼辦呢？

我趕忙到餐廳門口等候先生到來。幸好，先生因為脊椎發疼，無法走樓梯到二樓與員工餐敘，只能在一樓用餐。我便和總經理下樓陪他用餐，讓其他員工自行在二樓，大家可以繼續吃得很自在。

運用吃飯的場合，把不和睦的氣氛消弭掉，身為總經理的大兒子跟我說：「媽媽，妳了不起！」

製藥就是道德

很多人說我們公司從管理階層到基層員工，每個人的面相都不像生意人，比較像文人。

的確，我覺得這是因為中美最重視每一個員工的品格，每一天都實實在在地腳踏實地做事。我們做生意並不是要賺大錢，而是希望透過實實在的經營企業，將所得回饋奉獻給社會的弱勢團體，並發揮正向的影響力。如果有更多的錢，就可以對社會有更多的公益貢獻。

中美成立已經八十週年，因為一路上秉持著道德的觀念，讓我們得以穩健走到現在。我們一路以來始終秉持善念，以幫助別人為己任，從不是以賺錢為優先考量。

雖然之後公司也朝向上市上櫃為目標邁進，但我們不會因為要擴大績效而貪心，我們認為小錢慢慢賺，自己有多少的錢就做多少事，一切都得要機緣，對此並不會操之過急。

對多數公司的股東來說，最重要的是看盈餘利潤有多少？毛利率多高？一年股東可以分紅多少？但是我們家不一樣。我們的家庭教育造就孩子及孫子接手經營家族事業時，看的不是利潤最大化，而是清楚地知道中美的使命是：製藥是一個救世濟人的行業，所以我們發心，目標是為社會的生病大眾，創造出最好的產品、最貼心的服務。

佛家說生、老、病、死是人生必須經過的苦難，而當中最苦的，莫過於生病了，尤其貧病交加，可說是最令人不捨的。所以我們隨時都保有一顆良善的愛心，看社會上有什麼需求，自己能不能夠為他人服務奉獻。

像是日前全台各地引發嚴重的登革熱疫情，總經理便跟公司同仁討論，有沒有辦法研發相關的產品面對不斷加重的疫情呢？得知相關的醫藥原料都必須從國外進口後，總經理就立即要求同仁向國外緊急追加原料、加速生產預防登革熱用藥，同時致贈一萬瓶相關用藥交由慈濟基金會給予感恩戶與環保志工使用。

中美的原料採用及製藥過程非常嚴謹，是我們全公司上下同仁嚴守把關的本分事。之前曾有黑心製藥的社會新聞，政府查獲到有不良廠商將工業級用藥混入給人的藥物當中，商品必須要下架，但中美從來不曾這樣做，因此在每一波查驗時，中美都能夠全身而退。

在我家的庭院有一尊公公的銅像，後頭寫了一句話：「**製藥就是道德**」，這是從公公的時代就說的話，我們一直牢記在心，也成為公司經營以及生活的理念。

中美成立已八十年，在穩健的發展下，我們期許成為「亞太地區健康產業與預防醫學的創新領導者」，同時公司已逐步整合產品、經銷通路、服務等，提供民眾在家庭健康與預防治療方面的全方位解決方案。

公司的庭院裡，有一尊中美創辦人林金枝先生的銅像，銅像後方寫著「製藥就是道德」，這是八十年來，公司從上到下，永恆不變的經營理念。

有多少錢，做多少事

中美同仁們熱烈地討論著新年度的策略、計劃，大家穿著粉紅色的制服，看起來非常精神飽滿、有活力！

民國六〇年代，台灣經濟起飛，五十歲左右、正值壯年期的我和先生，事業做得有聲有色，那時我們正準備擴建製藥廠房，但是花了好多年才慢慢收購土地及蓋廠，錢賺到哪裡才蓋到哪裡，而非一次就建廠完成。

因為我們夫妻倆的用錢觀念十分保守，原則是：有多少把握，就做多少事。所以全數的資金都是現金流，

兒子一家人和我及先生同住，從來沒有發生過不合與磨擦。反而因朝夕相處，更能了解對方，成為彼此的心靈支柱。

不向銀行申請貸款，這也和公司的經營理念不謀而合。

不管對待朋友或是員工，我和先生都以真誠付出。我們並不是把企業當作一個營利單位在經營，而是將製藥當成一份使命，是可以濟世救人的行業。對許多企業的股東來說，最重要的是盈餘利潤有多少、毛利率多高、一年股東可以分多少，但是中美不一樣，公司從上到下，追求的不是利潤最大化，而是能回饋鄉里，看我們能夠幫助多少人。

兒子跟孫子都非常重視中美，已經決定要傳承家業永續經營。現在孫子都回來服務任職，中美主要由大兒子負責，由他擔任總經理職務。

我的員工們，對於公司的付出讓人非常動容，大家的情感，如同家人和夥伴的關係般在打拼，不管是我們的同事或者經銷商、客戶，到現在都有三代以上的情緣。

會員回娘家活動

先生經營藥廠有很好的遠見及創舉，早年他成立了一個「會員店」的制度，透過經銷商協助銷售藥品，而且我們保證只要加入成為中美的會員店，便可以拿到穩定的價格。例如一條街上有三家藥房，那麼，我們只會供應其中一家，這樣就可以保證他的價格及利潤。對我們來說，使用會員店制度，更可以確保藥局及藥師會長期向我們叫貨，對於業績的穩定及成長有極大助益，更能夠建立藥劑師對中美的品牌忠誠度。

以前在銷售藥品時，先生完全沒有編列廣告預算，一切的銷售方式及宣傳活動，都要靠會員店的經銷商們，幫我們將產品推銷出去，所以穩定的市場價格及有競爭力的商品，就成了舉足輕重的致勝點。加上很多經銷商說我們夫妻倆很努力，更願意幫助我們打拼事業、銷售產品。為了回饋及感謝他們，我們發起了一項每年「歡迎回娘家」的活動。

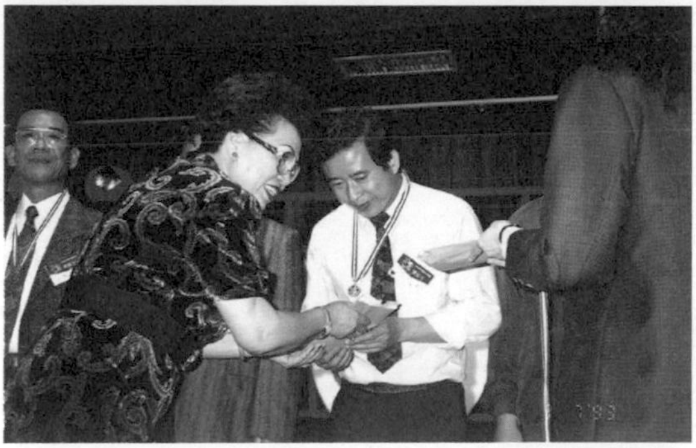

「歡迎回娘家」的活動迄今舉辦四十年了，在每年過完農曆年後的三月份，我們會邀請在全台各地的經銷商，一同歡聚同樂。早期是純粹邀大家回彰化的公司舉行，隨著活動規模越來越大，每年參加人數多達千人以上，活動舉辦的地點便延伸為兩天一夜的旅遊形式，足跡踏遍台灣各處。

許多經銷商是帶著家屬，或偕同晚輩來參加每年一度的活動，他們都是祖孫三代的家庭事業，與我們一起成長打拼。有些經銷商的第二代從小就開始參加我們的回娘家活動，長大後繼承上一代的家族事業，每年的聚會，就好像參與親戚的家族聚會一般。

好多經銷商跟我們說：「中美好像我的家」，也有經銷商表示，自己沒有娘家，娘家就是中美。有些人每年都會提前詢問回娘家的日期，以便將計劃出國的時間錯開，以中美的活動為優先，讓我好感動。

公司內部對於會員店回娘家的活動相當重視，兩天一夜的活動行程，都是內部一手策畫，不委由外界活動公關公司執行。大約十月份開始，便會開始著手策劃三月份的回娘家活動，籌備期長達半年之久，足見公司對此活動的用心。

每一年的籌備團隊會由不同同仁組成，並輪流擔任總幹事，目的是藉此培養每個人的領導統御及企劃能力，所有的大小細節都訂定一套最標準的作業流程，讓下一年接棒舉辦的同仁可以遵循。活動中的表演節目也都由員工粉墨登場擔綱，無論是跳舞、打鼓、歌唱，甚至主持等等，由同仁在經過專業學習後披掛上陣演出。多年下來，回娘家的活動，也培養了同事們不少的才藝呢！

回娘家活動第一天，經銷商會從全台各地乘車前來集合。我總是早早就在會場門口迎接所有經銷商及其家屬，好多人看到我，都會熱情地叫我董事長夫人，更多人喊我：「阿嬤」、「大姊，好久不見」，大家熱絡地互相擁抱。有些客人為了敘舊，還會提早到場，大家都好期待相見的這一刻，像看到自己的家人或好朋友一樣令人開心。

等經銷商們差不多到齊後，我們會先邀請藥師或醫師專家，介紹產品及用藥常識，並分享醫藥新知。晚上六點開始就是晚宴時間，有多項娛樂表演以及經銷商表揚大會。

每一年的晚宴，可說是大家最期待的。在上第一道菜時，公司主管們包括擔任董事長及總經理的先生及大兒子，會親自端第一道菜到每一桌，以感謝經銷商們一年來的照顧。敬酒時，我和先生更會逐桌敬酒感謝大家一年的辛勤努力與相挺。

我們透過種種的方式，來表達對經銷商的重視。以前我常穿著高跟鞋，向每一位經銷商獻上感謝，一整天下來往往要鞠躬不下上千次，腳底早已起水泡、腳跟磨破皮非常疼痛，但一想到經銷商為中美付出的努力，這樣一點皮肉痛實在算不了什麼。

晚宴上我們還會進行頒獎，經銷商依照不同的業績，會得到不同的獎勵，這樣可以激勵他們把下一年的業績做更好。直到現在，還是有很多經銷商，非常享受上台受獎的感覺，那是一種油然而生的榮譽感，為了得到

這種榮賞，大家下一年度，便會在產品銷售上更加努力。

第二天一早，我的員工們在天未亮就起床準備，待經銷商們進入用早餐的餐廳，在門口列隊問候，讓大家看到中美精神抖擻的一面。用完餐後，我們會安排遊憩景點一同出遊，經銷商平常時間多半待在店裡照顧生意，少有這種與大家一起出遊的經驗，我們這樣的安排，讓許多人回味再三。

活動最後，經銷商們總是依依不捨，乘坐遊覽車各自返回家中，我和公司同仁會在乘車處列隊揮手歡送，並燃放鞭炮，期待明年的再相見。

每一年的結束，就是期待的開始。看著經銷商夥伴們感動的眼神，我的心也為之動容。人與人之間的真摯情感，不正是如此？

協助經銷商度過祝融之災

在印象中，我記得宜蘭有家經銷商，不幸身陷祝融之災，位於同一棟的住家與店舖皆付之一炬，損失達二十幾萬。在二十幾年前，那是一筆大數目。客戶帶著哽咽的語氣告訴我們這個壞消息，並表示他們原本要開給我們的支票得退票。

為了減少他們的損失，並維持客戶間的互信，我們決定自行吸收被燒毀的中美貨品，並寄出新的藥品給他們，完全不再收取任何費用。我在電話裡安慰對方：「你不需要退票，我把支票的金額匯到你戶頭，否則對信用及商譽不好。」、「損失的事業可以東山再起，人平安最重要。」

幾年後，在台南有個客戶，店舖也是發生火災，我們一樣繼續寄送產品南下，讓他們可以繼續營業。或許是這樣的感念，這些客戶都持續與我們一同打拼，也成了中美最佳的得力夥伴。

童心未泯

我對員工很好，他們也會相對回饋我。還記得某個週末，我有事打電話給秘書室的陳經理，在電話中我聽出來陳經理身邊有川流不息的車聲，一問之下，原來她正要和女兒、女婿前往高雄，聆聽歌手江蕙告別歌壇的演唱會。當時，我半開玩笑地說：「怎麼沒有找我呢？」沒想到陳經理很有義氣的馬上回答：「好的，我馬上處理。」

隔天她告訴我，她為我買到了下一個週末的門票。聽到後，我很高興地跟她說：「太棒了，我現在開始來期待。」陳經理聽了，笑說我好像小孩子一樣。的確是這樣，一想到可以聽到江蕙現場演唱，我整整開心了一個禮拜。到了現場我像個小歌迷一樣，跟著江蕙動人的歌聲，既滿足又陶醉。

員工對我真是太好了！有好的事物都會跟我分享。而我也隨時把大家記在心裡。我並不會刻意對員工或是朋友送禮，但是如果有看到適合誰的東西、金額又不會太貴重，讓對方覺得承受不起的話，我就會買下來送他。例如我若出國旅行，有時會買衣服或禮物給員工，把員工當作是家人一般的對待相處。

有幸親臨江蕙演唱會，我高興的不得了。

第五章 家庭教育

在我們家，全家人一起吃晚餐是一件非常重要的事。我一定會親自下廚，雖然現在已經八十多歲了，我仍然記得家裡每個人喜歡的口味。

圓滿的家

我有三個兒子、兩個女兒，一共五個孩子。其中一個女兒已經過世了，現在剩下四個孩子。大兒子一家人與我同住，其他的兒孫們分別住在台北、上海、美國等地，一家人很少有機會可以坐下來團聚，但每次過年過節，孩子、媳婦都會帶著孫子、曾孫們回來，坐在一起談論過去的往事。

第二個兒子原本在上海做生意，前陣子主動表示要搬回彰化。他說看著大哥十分忙碌，想回家幫忙照顧爸媽，讓大哥可以全心衝刺事業。家人彼此做為最好的後盾，他有這種想法我很高興，覺得孩子是懂得孝順的。

我年事漸高，最大的要求就是希望家庭圓滿，而要做到「家和萬事興」，得要靠全家人共同努力才可以達成。只要家族成員有一人沒有心思經營關係，那就沒有辦法成就圓滿了。這也是我現在持續在努力的事。

現在的住家是我和先生在事業有成後，於民國七十年左右建造的，住家位置就座落在藥廠旁邊。屋中的建築及陳設概念都是我親手設計的，最特別之處，是家裡看不到任何九十度的牆面轉角，看得到的柱子、牆壁的轉角、天花板、樓梯扶手、窗戶造型，通通設計成圓弧狀，完全看不到直角或是有稜有角的設計。

為什麼會有這樣的設計呢？

因為這一生我不求什麼，只求凡事圓滿，所以在居家的設計上面，也希望以「圓」來貫穿家中，讓每位家人回家後，眼睛所見的都是圓滿的氣氛，感覺好像被包圍起來很有安全感。

每個角落都是圓圓的，代表能量飽滿，更代表人、事都能圓滿的含義。在做決定和處理人事時，若隨時謹記以圓滿的準則做為思考方向，人生也會多一份包容，而不是有稜有角的容易刺傷他人。

今年八十四歲的我，別無所求，只希望快樂過每一天，將每一天當做最後一日度過。我的日子不多了，希望回到佛祖身邊的時候，能夠歡喜圓滿，就是我最大的願望了。

2 | 1

1 家門口土地公神像後面的樹長得非常高，這些都是自然生成的，象徵著家中空氣、陽光都很流通，這應該就是所謂的好風水吧！

2 住家是由先生、大兒子及我設計及監工完成的，多處融入我的處世哲學，希望凡事都能圓融、圓滿。

一支煙的故事

在家中一樓的牆面，有一幅山水畫，是由台灣玉所做成的，意境非常雅致。這幅畫已經成為我們家的傳家寶，而這幅山水畫背後也有著一個故事。

民國七十年、新家落成不久後的某天晚上，我記得那是一個頗冷的冬天，要出門都會覺得有點辛苦的溫度。晚上大概十一點多，有位先生開著小貨車，送這幅玉畫來家裡，這位先生服務很好，先將畫定位，接著仔細掛在牆上，花了不少時間才將畫安置完成。

當晚，先生親自接待這位送貨員，一開始，先生不知道他的身份，看他身上穿著類似送貨的工作服，腳上穿著一雙看起來穿了很久的舊鞋，心裡想，應該就是一個送貨的小職員吧。見到他安裝畫作很辛苦，還特地在寒冷的冬夜裡專程前來，先生非常感謝他，便熱情地請他抽了一支煙，請他到客廳沙發坐坐、聊天，兩人相談甚歡，一路聊到深夜。

在言談之間，先生才得知，原來眼前這個人並不是送貨的職員，而是做這幅玉畫的工廠老闆。工廠老闆說，很敬佩先生的風範，因為他沒有想到一個大企業的老闆，根本不曉得他是誰的狀況下，不因對方穿著不體面或階級不同而不理會，反而很好客，非常的客氣。後來這位老闆堅持不收這幅玉畫的錢，即便我們事後好幾次送錢過去，他都一一退還，非常有義氣地說：「這幅畫當作是結緣！」

這幅畫非常有價值，不只是因為它是台灣玉所製成、價值不斐之外，更難能可貴的是，它是無價的！告訴子孫們交朋友不可以分貴賤，看人不可以分階級。

掛在住家玄關處的玉畫，是用一支煙換來的傳家之寶，教導孩、孫們要以誠懇的心對待每一個人。

因為一支煙而獲得價值上百萬的畫作，更難得的是結交了一位好朋友。這也就是我和先生一直在教導同仁和晚輩的道理：「做事之前要先學會做人。」

從不說媳婦壞話

華人的家庭中，幾乎都有婆媳問題，但在我們家是沒有的。婆媳之間有的是愛和尊重。

由於我嫁入林家後，受到婆婆的諸多震撼教育，當大兒子長大、媳婦要嫁進門的時候，我一直告訴自己，媳婦也是別人的女兒，要用對待女兒的心情愛著她。每一天，我都跟自己說：「我受過的苦，絕對不能夠讓媳婦再受一次！」

我更是耳提面命跟兒子說：「太太只有一個，要好好疼惜、體諒她。」

我有三個兒子，每個媳婦嫁進門後，不曾要求她們要事事達到我的標準。我認為，人跟人之間本來就是需要時間磨合的，每一個媳婦嫁過來之前，都有自己的原生家庭及原本的個性，不需要因為結婚之後，為了配合老公或夫家，就失去自我。所以只要找到婆媳兩人的相處之道，再加以磨合，就可以很融洽的互動了。

我的大媳婦李阿利，更像女兒一樣貼心！

阿利是專業的茶道老師，泡的茶特別好喝，每天晚餐後，媳婦總會為我沏上一壺好茶，感覺好滿足！

要把一個家庭經營得快樂、圓滿，媽媽要付出相當的努力。

有人問我：「如果看到媳婦有缺點，會怎麼提點她呢？」這說來是我的優點，也是我的缺點。因為我一輩子的願望是一家人和氣圓滿，不願意看到家人不合，所以哪一個媳婦有缺點時，我盡量不講。因為：不講永遠沒事，一旦講出來一定有事。

有句話說：「好事不出門，壞話傳千里。」的確是這樣子的。一旦你跟當事人或者是其他人耳語、說壞話，那麼這句話就會像水波上的漣漪一樣，一直擴散出去，永無止息。

我不曾說過一句媳婦的壞話，因為我也曾經是別人的媳婦，我的婆婆要求很嚴謹，所以我一直告訴自己，不可以對媳婦嚴格，要把快樂的力量也傳遞給媳婦，所以我和媳婦之間，總是分享好聽、正面的話語，我跟媳婦的感情也非常的好。

日前我與大媳婦聊天，發覺我們兩人相處三十多年來，彼此未曾說過任何不好聽的話語。我的媳婦們修養很好，大家都是為了這一家的圓滿共同付出，才有辦法擁有一個幸福的家庭。

在與三位媳婦獨處時，我從來不去評論另外一位媳婦的不是，因為批評的話語若經過別人轉述一定會失真，話就更不好聽了。要避免壞話流傳，最好的方法就是根本不要說對方的缺點，想著的淨是對方的優點，這樣就沒事了。

像三兒子雖然離婚了，但他的前妻至今也從來不曾對外說過我這個前婆婆的一句壞話，因為我對待媳婦們總是把她們當成女兒一樣，所以她們對我也就像是對待自己的親生媽媽一樣。

愛是良藥

與其改變媳婦的行為，不如改變自己看對方的態度，只要換個角度站在對方的立場想事情，原本以為的缺點就會消弭不見了。

此外，我絕不會在媳婦教導孩子的時候，跳出來當白臉，或者是反而訓斥媳婦的不對，這麼做會造成婆媳關係惡化。

若有人跟媳婦說，孩子教得很好，媳婦都會說「是婆婆的功勞」，把功勞歸功給我，讓我非常感激，媳婦說的好話比我多更多。

對孩子的教育從不缺席

結婚後，我在六年間陸續生了五個小孩，還要侍奉公婆、照顧小叔及小姑，以及幫忙先生的事業，忙到幾乎沒有時間睡覺。但是即使再忙，我也非常重視孩子的教育。

為什麼呢？因為以前的人多數認為，生意人忙著事業，會疏忽孩子的教育，所以流傳著一句「生意人的孩子比較難教」的俗語。

當初，我很深刻地記住了這句話，並且努力翻轉它。我認為，**工作、賺錢是為了讓孩子有更好的未來，但是如果孩子教不好、以後做了流氓，那就可惜了父母在工作上辛苦的付出呀！**

在民國四、五〇年代，社會上普遍對於教育不重視，多半希望孩子早日出社會賺錢，以補貼家用。但是我的看法不一樣，認為教育非常重要，因此從老大準備唸國小時，我就到學校拜訪校長，並且請託別人讓我寄放孩子的戶口，為的就是可以讓孩子跨區就讀當時在彰化市區評價很好的中山國小。

當時，中山國小只收男生，兩個女兒就讓她們就讀只收女生的民生國小，這兩間學校相距有一段距離，離家裡也要半小時以上車程。

每個孩子上小學時，我都是騎單車一一接送。最高紀錄，我還試過一台腳踏車載四個孩子，前面橫桿坐兩個、後面坐兩個。如此一直接送到孩子上了五年級、會自己騎腳踏車為止。

不只早上跟下午接送上下學，中午還會親自送便當到學校，即使遇到下雨天也照騎不誤，風雨無阻。當年很少有地方在外賣便當，更沒有營養午餐的供應，孩子的三餐全由我親自下廚料理。

每騎一趟腳踏車到學校，就要半小時的時間，如果同時跑中山、民生兩間國小，那麼，出一趟門，一個小時是跑不掉的，幾乎繞了大半個彰化市區。但在有限的時間裡，我還要趕回家照顧公婆，以及忙著處理公司的事務。

不光是天天接送上下學、中午送便當而已，孩子下課回到家之後，我也一邊處理藥廠的事情，一邊照料孩子的課業。我對孩子的要求很高，功課一定要寫完才可以玩耍。雖然我對孩子很慈愛，但是功課沒做完我就會變成嚴厲的母親。

孩子總會問：「媽媽，可不可以不要寫功課？學校什麼時候才會放假？」孩子們最期待放假的日子，除了不用寫功課外，也有機會和父母出門旅遊。

工作再忙，有辦法的話，我會盡量抽空帶孩子們四處走走，像是當年省政府所在地、南投的中興新村，台中、彰化等鄉鎮都曾留下我們一家旅遊的足跡。

因為從小失去生母，我深刻了解到，在孩子成長過程當中，母親的陪伴和愛是非常重要的。所以**工作再忙碌，教育孩子、陪伴他們，始終是我心目中最重要的事**。

偶爾跟媳婦在吃飯的時候，她會讚歎說：「媽媽，我養一、兩個孩子已經夠累了，妳以前怎麼有辦法一口氣照顧老公、五個孩子、小叔和小姑，還要處理工作跟侍奉公婆呢？」也許古代人真的比較認命吧，生命的韌性也比較強，一個人身兼數職，也不曾喊過一個「累」字。

家庭禮儀從小做起

在我們家，全家人一起吃晚餐是一件非常重要的事。我一定會親自下廚，雖然現在已經八十多歲了，我仍然記得家裡每個人喜歡的口味，先生喜歡豬尾湯、麻油米血，大兒子喜歡吃我煮的爌肉、孫女喜歡吃干貝⋯⋯。若聽到不住在一起的孩子、孫子要回來，我更會特別買他們愛吃的食材，親自下廚做菜。

每次一到煮晚餐的時間，孫子們也沒閒著，若不是在廚房幫忙，便是把碗、筷、湯匙擺放到每個人的座位上，等待著全家人到齊一起用餐的時光。

愛是良藥

孫子還小的時候，放學後回到家，我會和媳婦一同準備點心給孩子吃。我知道小朋友都喜歡吃馬鈴薯類的食品，便會發想很多種變化，例如今天吃薯條，明天是薯泥，後天做成薯餅或是薯球，讓孫子一回家就有點心可以吃。

孫子們再長大一點，便很喜歡跑到廚房看我在做什麼，我也很喜歡教導他們做菜，從洗菜、切菜開始，培養他們做家事及自理能力。我沒有刻意要求或是栽培孫子要會做菜，但是好幾位孫子到長大成年後，依舊很喜歡下廚，廚藝也很不錯，可能與童年時期在我身旁邊看邊學有關係。

煮晚餐時，我會把部份飯、菜、湯先煮好，除了青菜之外。因為青菜炒好後很容易老，所以我會等所有人都開始用餐，才快速地將青菜炒好上桌。準備得差不多時，我會要求孫子打電話到辦公室，請阿公、爸爸一起回來吃飯。辨公室緊鄰著住家，走路回家三分鐘就到了。

一旦長輩進來，晚輩一定要幫忙拉椅子就座。接著，晚輩要幫所有在場的長輩盛飯。盛飯是有規矩的，不能將飯粒掉出來，或是盛得稀稀鬆鬆的，要盛到飯的形狀是圓圓的，還要稍微壓一壓讓整碗飯很緊實，看起來就很圓滿的樣子。最後，孩子們再幫長輩舀碗熱湯，自己才可以入座。

用餐時，一定要等長輩開始開動，晚輩才可以動筷子。先挾菜的一定是長輩，除非知道長輩今天有事無法回家用膳，其他人才可以隨性地吃。

此外，在晚上睡覺的時候，我也會要求孫子一定要到長輩的房間道晚安，長久下來，互道晚安已經成為我們家的習慣。即使孫子現在已經三十多歲，有時在外面工作到晚上九、十點才回到家，如果知道我和先生還沒就寢，便會到我們房間敲敲房門，說聲：「我回家了。」然後跟我擁抱、親臉頰，才會回到自己房間休息。

放學回到家裡，第一句話一定會很大聲的說：「我回來了！」見到家中有其他客人到訪，也一定要主動問候，這是我對兒孫輩的基本要求。

一定要回家吃晚餐

日子一天一天過去，轉瞬間，我的兒女們已經六十多歲、孫子也三十好幾。在忙碌而快速的日常生活當中，我隨時隨地教導孩子、孫子落實禮貌的重要性。

像是盛飯這個小動作，便是一個禮貌的表現，以及對長輩的尊重。如果盛飯的動作都由長輩來做的話，小孩子就學不會要尊重。每個人都是家庭的一份子，不能以年紀小為理由，而不參與或者是依賴別人。

吃飯時幫忙盛飯，同時也是培養孩子們的關懷和敏銳的心。一旦觀察到長輩需要擦手、擦臉的時候，趕快遞上手帕、紙巾，這就是孝順的小細節表現。

並不是要送名貴的東西給長輩，或是提供好吃的，長輩才會高興，心意才是孝順的重點。

住在一起的一家人，共同吃晚餐，是非常重要的一件事，因為白天大家各自忙碌，唯有晚上的時間，一家人才可以安心地聚在一起，互相分享白天發生的事情。有不開心的可以說出來，我會和孩子們開導，分析做事情的方法；有開心的，也可以互相分享，大家聽了也能感染快樂的氣氛。

我非常重視晚餐，白天不在家吃沒有關係，但是晚上一定要回來吃。不回來的話，要事先電話通知，這樣我就可以少準備菜色，否則如果準備了而不回來吃，那麼這些料理就浪費掉了，非常可惜。這個家規，從五個孩子還小的時候，就一直延續著，到現在，我一樣要求同住的兒、媳、孫子一定要回家吃晚餐。

先生如果晚上要應酬的話，我會要求他事先報備。但還是有幾次先生回家之後，說肚子餓，我就會重新再烹調他的飯菜，為他準備熱騰騰、最新鮮的飯菜。

家人如果沒有事前報備的話，我一定會打電話問：「要不要回來吃飯啊？我們都在等你了。」久而久之，大家就養成了習慣，如果不回家一定會事前告知，否則就會接到我的電話。

全家一起吃晚餐的習慣，從孩子小時候一直持續到現在，儘管工作再忙，我們也盡可能地都會在一起共享天倫之樂。晚餐我一定會親自準備菜色，大媳婦嫁入林家後，也會共同料理，她做的菜餚同樣也非常美味。

和孩子、孫子感情亦師亦友

早年先生奮鬥事業非常忙碌，晚上經常應酬，因此常不在家吃晚餐，無法參與孩子的生活點滴，所以孩子跟爸爸比較有距離感，會覺得爸爸比較嚴肅。

相較之下，我在孩子們心中是很溫柔的，在孫子心中也一樣。孩子、孫子有什麼事情都會跟我商量，他們並不會擔心我反對，因為我會開導他們，分析事情，而不是用權威式的教法直接否定他們。

兒子、孫子和我的感情好到交男女朋友都會跟我分享、詢問我的意見，彼此之間沒有秘密。我對待他們就像朋友一樣，並不把他們當成是晚輩，而拼命說教。

雖然我跟孫子、孩子都像朋友一樣，但是禮貌跟尊重，還是很注重的，相處可說是亦師亦友。生活當中我隨時都會注意孩子有沒有禮貌，不讓他們走偏差。

如果觀察到孩子、孫子臉色沉重，一整天不吭聲不講話，我會主動詢問：「有什麼不愉快嗎？」或者是發現對方臉很臭的時候，我有時會揶揄、半開玩笑地說：「今天是被老師罰站嗎？」

我的五個兒女小時候經常被我罰站在圓圈圈裡反省，但是對於孫子我從來不處罰，因為覺得孫子的教養問題，是媽媽在教的，做為婆婆不宜插手太多，免得引起婆媳糾紛。

有些人會抱怨：「孩子結婚之後，和老人家會疏離。」但我的想法卻不相同，我一直認為，孩子如果長大成家了，那麼他的心肯定是飄向他的家庭去。**孩子若能夠專心照顧他的家庭圓滿，這是很**

好的事情，而且是負責任的行為，做父母的應該要為孩子感到高興，懂得放手祝福孩子跟媳婦，而不是繼續牽絆著彼此。

為人父母，永遠都是付出的，我從來沒有想過要從孩子身上再拿回什麼。我也經常和朋友分享：小孩子的婚姻父母沒有辦法干涉，更千萬不要期待孩子結婚之後，要拿多少錢回來孝敬。孩子婚後只要懂得回來關懷問候，就已經是孝順的表現了，不要再計較這麼多。

我從不要求孩子、孫子要跟我住在一起，或是回饋我什麼，但是一定要給我快樂，不要讓我擔心。畢竟年紀愈來愈大了，操心這麼多年，我也學會放下，懂得寬心了。

八十四歲了，還要煩什麼呢？再煩心，也都是多餘的了。**現階段，我的願望就是家庭圓滿，以及有健康的身體，讓我可以繼續關心別人、為社會付出，這就是人生最快樂的事了。**

過年壓歲錢先捐款，再買自己的東西

我家有三位全國好人好事代表，民國六十五年獲獎的是婆婆林蔡換、七十五年是先生林滄洲，八十五年是我本人。所以在林家，做好事是一件天經地義的事情，就像吃飯喝水一樣，是完全不需要經過思考的。不論有多忙、或賺多少錢，也毫無關聯，做善事都是每天該做的事情。

在林家，每逢過年過節時，家人都會從四面八方回來團聚。

每一年過年或是寒暑假，看到孫子、曾孫們回來，我總是非常高興，另一方面也會感慨自己老了，已經五代同堂了。（註：老一輩說「四」不吉利，因此四代總是直接稱為五代。）

過年期間，孫子們會跪下來排成一排，輪流向我和先生說吉祥話，我們再一一發予紅包，並依照年齡多寡包給不同金額的紅包。我的五個孩子共生了八個孫子、四個曾孫，年紀愈大的孩子，可以拿到的愈大包，但是這也代表要負的責任跟貢獻越大，所以孩子之間不會互相比較紅包有多少。

孫子們使用壓歲錢的用法，和別的家庭也不太一樣。孩子的媽媽會說：「每個人要捐多少錢，拿出來媽媽幫你們拿去捐。」所以從小我家的孩子、孫子們就有這個觀念，先看有哪一個公益團體需要用錢，再看哪一個是我們本身可以幫助的。而不是先把買玩具的錢保留下來，再看看還有多少錢。

「捐給誰？要捐多少錢？」把錢捐出去之後，再回頭檢視有多少錢可以做自己想做的事。這是從小就受到長輩的影響，耳濡目染變成自己的習慣，兒孫們很樂於布施。

我的孫子物質慾望都很低，他們跟我說：「阿公阿嬤的紅包要特別存起來，等到『有需要』的時候再用。」他們口中說的「有需要」，往往是指別人很需要，特別是有急難的人，而不是自己有需求。

我覺得孫子說這樣的話很有趣，因為沒有人教過他們，就自己懂得要把錢存起來。我也很欣慰孫子們能有這樣的觀念，就不會有浪費以及過度消費的情況產生。

愛是良藥

禮貌從小培養

五個孩子婚後一共為我添了八個孫子。不論是孩子或孫子們，都很有禮貌。

我相當重視孩子及孫子從小的生活教育，用軟硬兼施的教育方式，循循善誘。在家裡，回家一定要大聲的說：「我回來了！」並且向長輩問安，如果有朋友來家裡坐客，看到孩子不打招呼、一溜煙的跑上樓回到自己房間，我會立刻大聲地叫他下來，一定要跟對方打招呼，說聲「你好！」才可以上樓做自己的事。所以，不論是孩子或孫子都非常的「好嘴」（台語「嘴巴很甜」的意思）。

「好嘴」才有好人緣，別人也才會說我們教育得很好。有打招呼跟沒有打招呼的孩子差別很大，會主動打招呼的孩子，給人感覺是很大方有禮貌、正向的孩子。

有個從美國回來的曾孫，每次回家都會夾雜著中、台、英文和我說話，他小小年紀就懂得見到人要打招呼。不過台語的「阿祖」沒有性別之分，不管是曾祖父和曾祖母一律都是阿祖，每回叫「阿祖」時，我和先生都會同時回頭回應。於是這個寶貝曾孫還沒滿兩歲時，就發明了一個辨識方式，叫我先生「阿祖 one」、稱我則是「阿祖 two」，惹得全家笑聲連連。

某一天，和大媳婦在聊天時突然發現一件事，我說：「這八個孫子好像從來不曾吵過架。」我們仔細回想，就算是手足相處，都難免會吵架，但是孫子們在一起的時候，卻不曾有過爭執，這是非常難能可貴的地方。

我的每個孩子及孫子的感情都非常好、非常融洽，距離最遠的是嫁去美國的女兒，但是寒暑假她都會帶著孫子一同回來，團聚較長的時間。所以我一定會把握機會，把大家感情凝聚在一起。孫子最大的已經三十七歲了，最小的孫子也二十歲了，我從來沒有看過孫子之間在吵架，一次都沒有。

大一點的孫子會協助教導小一點的堂兄弟妹，以及我的曾孫輩，告訴他們該怎麼做才是對的。所以寒暑假對我家來說，是非常珍貴的一段時間。

每年寒暑假大家總是很開心地打打鬧鬧，從來不曾因為意見不合而鬧翻，這對我是很大的安慰。孩子們長大之後，分別在全球不同地方工作、生活。孫子之間不常碰面，但是他們常常會透過 LINE 等社群網路聯繫。

我想是因為，**在日常生活當中落實好生活教育，禮貌從「好嘴」開始養成，無形中，人與人之間就變得非常融洽和樂。**

另外，只要我先生到飯廳，孫子輩一定有人會主動起身去盛飯，見到長輩到家中，也一定會打招呼問好。從小細節教起，耳濡目染之下，自然就會成為一個有禮貌的好孩子。

有次，在晚餐吃飯時間，與我同住的孫女，突然想到當天是在台北的大堂哥生日，便趕忙用手機通訊軟體向堂哥說生日快樂，再

愛是良藥

補上一句：「禮物後送。」不管是堂、表兄弟姊妹之間，大家相處都很快樂，像自己的手足一樣。

有的人說，孩子會變壞，是因為學校教得不好，但其實，家長要負很大一部分的職責。我常常跟孩子還在就學的父母們說，**教育不是學校的責任，家長的責任才是最重要的。禮貌以及處理事情的方法，應該要從家庭教育開始著手。**

我不只是寵愛兒孫而已，在教育的部分也會循循善誘的教導他們。

時下有一些父母親和阿公阿嬤太溺愛孩子，孩子要看電視就由著他、吃飯還要追著一口一口餵飯，我覺得非常不可思議，這些都是孩子沒有尊重長輩的結果。身為長者一定要教會孩子禮貌，先把家庭倫理做好，社會就會有更多道德及正義了。

旅行中的機會教育

我沒有太多的物質慾望，如果要說有的話，應該就是旅行了。我熱愛旅行，這可以說是我最大的樂趣了！

我曾經跟客戶、親友、員工到過很多國家，足跡踏遍歐洲、美國、日本、大陸等等，走過世界很多地方。現在已經八十多歲，體力不若年輕的時候，因此這幾年旅行的間隔時間會延長，但是也不能太久沒出國，否則愛旅行的血液又會開始蠢蠢欲動。

旅行時，可以到世界各國看看和台灣不同的文化、人文。不過，太落後的國家我不常去，比較喜歡到先進文明國家遊玩觀摩，讓我不僅身心愉快，還可以學習不同文化的優點。

我很喜歡跟孫子、還有公司的員工一起出遊，出去遊玩的時候，拍起照來也相當開放活潑；他們要求我比出時下最流行的姿勢入鏡，我就會跟著比畫動作，一會兒把手放在頭上，一下子又蹺腳耍俏皮，全部都照做不誤，大家開心就好。

所以孫子們很愛跟我去旅行，不會覺得帶個「老摳摳」出門。我可以說是一個沒有拘束的阿嬤，如果有人喊一聲「想吃冰淇淋」，我一定會說：「沒問題，一起去排隊吧！」在旅途中玩得非常盡興與投入。

旅行對我來說，不只是和孫子聯繫感情，更是一個很好的機會教育，可以看到每個孩子不同的缺點，並能夠有個別的機會，在旅程中指導他們改進。

在旅行時，我和孫子之間也是沒有秘密的，孫子有什麼事情都會跟我說，例如交男女朋友或是工作上遇到不順遂，都會和我分享，聽聽我的意見。

愛是良藥

曾有朋友問：「為什麼每到寒暑假，就要花這麼多錢，帶著孫子四處跑呢？」我算給她聽，倘若一趟旅行花了二十萬元，乍聽之下是一筆很大的金額，但是如果和結婚禮金相比的話，給兒孫二十萬元當結婚基金，就不會覺得是很大的饋贈。相較之下，每一年花二十萬元凝聚孫子與家庭的感情，不是更加值得嗎？

有一句話說：「給他魚不如教他如何釣魚。」的確是這樣。我認為要從小就機會教育，比給他一大筆錢或房子來得更有效、更深刻。

所以，趁著兒孫還在學習的年紀，每年好好利用寒暑假進行生活教育，有一段時間放下課業、離開舒適圈的生活，一起在旅行過程中學習，會比等到他們成年、結婚之際，直接給一大筆錢，再來耳提面命，來得更有實質的幫助。

—第六章—

回饋社會

我期許自己，雖然已經超過八十四歲高齡，但在人生所剩的時光，希望自己能想做什麼就盡量去做，莫使人生留下遺憾。

存善心、做善事

二十二歲時，我從花蓮嫁到彰化和先生打拼事業多年，逐漸還清公公的債務。當年我專責內部生產線，先生負責跑外務、找客源，那種煎熬跟苦頭，外人實在難以想像。正因為吃過苦，我們夫妻倆格外珍惜既有的一切，更懂得將心比心，關懷弱勢。

雖然在打拼的那段日子非常辛苦，但是只要身邊有一點錢，我就會拿出來做公益。從我三十多歲、民國五十年左右開始，就隨著慈善團體關心中部沿海地區的單親家庭，尤其每年的冬令救濟，我更一定會親自前往，送給他們衣服、棉被、還有米，這樣的救濟一做就是將近三十年，做到很多人都在做了，我便再轉往關懷其他被忽略的團體。

為什麼會有這樣的念頭呢？因為我從小喪母，一路走來非常能夠體會單親家庭的辛苦。早期台灣海峽被稱為是黑水溝，出海捕魚的男性，往往不知何時回來，如果遇到壞天氣更是不知道能否回得了家，可能一去無回。在中部沿海地區，便有許多先生在大海中不幸遇難的寡婦，帶著孩子獨自生活，非常辛苦。

當年，我其實還在為家中拼經濟，自己手頭也缺錢，但是仍堅持要持續幫助別人，這對我來說是一種很震撼的感觸及體認。看到有人比我更苦，只要我有能力，都很願意幫助他們，同時也是讓自己可以更努力的一種動力。

在奉獻的時候，我從來不去想結果如何，但在無形之間，就會有另一種福報。我一直篤信「有捨才有得」，所以花費在公益的支出非常多。

民國六〇年代，豬肉非常稀少，我和先生從民國六十三年開始，每天贊助兩百五十元，買豬肉給彰化博愛殘障教養院的院生加菜，這一做就是長達二十六年之久。

濟困扶難

早期有一些窮苦人家，過世時沒有錢可以下葬，我就會買「大厝」（台語「棺材」的意思），請喪家到公司來領回。後來有人跟我說，在公司放棺木有點奇怪，便改為請彰化市公所及棺木行協助處理，費用依舊由我負擔。

我現在可以住在漂亮的房子裡，可能就是無形之間，幫助很多人送終，提供「大厝」所換來的一種福報吧！

到了民國七十五年，我加入彰化家扶中心行列，擔任扶幼委員、永久認養人。民國八十九年，我將家人給的七十歲生日禮金一百五十萬元，全部捐出給彰化家扶中心，來籌募興建員林區服務館。當時接受新聞採訪時，我告訴媒體朋友，希望藉由我的拋磚引玉，可以帶動善心人士踴躍響應。非常感謝社會各界的支持，讓該次募款高達二千六百萬元，使服務館提早半年完工。

民國八十八年全台發生九二一大地震，受災規模相當嚴重，尤其是中部南投山區。當時我六十七歲，在南投體育館投入救災工作，長達一個月之久。

民國九十年，我第一次出席財團法人脊髓損傷重建協會的園遊會，當我目睹台下一群坐著輪椅的傷殘人士，眼淚便不聽使喚流個不停，心疼這些鄉親，一直掉眼淚哭到活動結束。我想：「世界上竟會有這麼一群辛苦的人，終身要與輪椅為伍，無法正常起居生活。」

從此之後，我和先生發願要幫助脊傷協會，四年內捐助三百多萬元，協助該協會的復健硬體建設，以及學習教室「脊新家園」的成立，希望能夠幫助更多脊髓損傷的患者獲得最好的照護。很感謝脊傷協會會員，自此尊稱我們為「彰脊阿公」跟「彰脊阿嬤」。

除了關懷台灣外，我也希望幫忙世界上更多貧苦的人。民國九十六年，得知蒙古地區有很緊急的用水困難，如果每打造一口井，就可以造福一千人有水喝，於是我便發心幫助他們，再度投入家扶基金會，從事蒙古認養及開發水源的行列。個人先捐出三十五萬元，並號召姊妹淘集資新台幣一百

零五萬元，希望能夠幫助更多蒙古孩童有水可喝、能夠安心就學。

曾有朋友問我：「是怎麼樣的契機開始投入公益呢？」其實是在年輕的時候，在還沒有全民健保的年代，我曾經在醫院看到一個產婦流了很多血，畫面非常震撼，但因為欠缺醫藥費，無法獲得完善的醫療照護，當下便促使我發心幫助她。

之後從海口救濟，後來又協助家扶中心、蘭馨協會、獅子會等慈善團體，其中我特別關懷弱勢學童、單親婦女族群……等等。只要向我們開口，幾乎來者不拒，因為我認為，這些都是在幫苦難的人拔除苦難，讓他們可以達到基本生活的需求。

這幾年除了協助苦難人「拔苦」之外，我更著力在做「施教」的部分，給予教育及社會教化，像是連續三年走入校園，與莘莘學子宣導道德倫理，就是希望能讓正道從小處紮根。

善心、善念與慈悲心

年輕一輩說，我是個很有智慧、很慈悲的長者。我思考過，是因為善心而做？還是因為慈悲而做呢？兩者是不同的。

很多人都有善心做公益，覺得捐款幫助別人是一件好事，這是因為心存善念。但是，更難能可貴的是，是否擁有慈悲心？善念是從自我出發的單方面意念，而慈悲心則好像將心比心，把自己當成和對方站在同一陣線設想一樣。

有不少人做善事之前，會先看看自己的存款，掂掂荷包再出手。覺得可能要等自己有餘裕之後，再去幫助別人。還有些人是因為媒體報導，或在某些契機下，因此對做慈善特別有熱情，為此而做，但是這樣很容易流於三分鐘熱度，熱情過了就忘記。

幫助弱勢團體，我不會有太多的設限。從年輕人的角度來看公益事件，往往會先看這件事情需要多少預算？而我有多少的錢？但是，上人證嚴法師教我們，這件事情如果覺得是非常需要幫助的，那麼就應該要先承擔下來，因為這些人是極為苦難的，我往往不問金額，總是二話不說就扛下責任，因為這個責任是我責無旁貸的。接著，我才會想到這些錢自己能不能出？或者是需要再找別人一起幫忙？如果按照一般編列預算的方式來做救濟的話，那麼一定是緩不濟急，會來不及的。

很奇妙的，每次我答應承接很緊急的急難事件，在無形之間總會有一股力量幫助我解決這些問題，每次都能夠很快速的提供協助，無論是募款，或是需要人力、物資，都能在第一時間到達第一現場。我想無形之中，天地的力量都在幫助我。

儒家說人性本善，每一個人都有善念，但是如果能夠深入到慈悲的層次，便是已經放下自我，可以無私的為另外一個生命，站在對方的立場來替他想、為他做。許多人說我很有慈悲心，但世界上還有很多值得關懷的人及需要幫助的角落，我每天仍在繼續學習與精進。

我們一家都是慈濟人，全家人都知福、惜福、再造福。佛法我懂得不多，但是我一直在追尋佛的道義。

做善事就像吃飯、喝水一樣自然

到底是幫助別人好呢？還是被幫助好呢？在我看來，需要被幫助的人是在苦難之中，因此自然是幫助人的人最幸福了。而且做善事不是有錢人的責任，有錢不一定就拿得出來，那得是有福報的人才做得到。

很感恩上天，讓我有能力幫助別人。因此我總是精力充沛，並盡力帶給周遭的人許多歡樂。

我期許自己，雖然已經超過八十四歲高齡，但在人生所剩的時光，希望能想做什麼就盡量去做，莫使人生留下遺憾。

感謝狀

茲感謝國際獅子會台灣總會(MD300)重建倫理委員會 中區主任委員 施淑美 女士蒞臨本校宣導「重建倫理、淨化人心」活動，嘉惠學子，懿行可風，殊深感激，敬申謝忱。

彰化縣彰化市南郭國民小學
校長 陳建東
Chen Chien-Tung
Principal of Nan Guo Elementary School
102年10月08日

近十多年來，雖然獲得了不少表揚獎項，全家多人曾獲得多項獎勵，包括有孝行楷模、全國和睦家庭楷模、全國好人好事代表、彰化縣百歲百傑人士、敬軍楷模、模範職業夫妻金侶獎……等等。但這些獎項當初的出發點，並不是以拿獎為目標，去做種種公益跟品德教育的工作，而是看到有人需要我的協助，我剛好又有能力能夠幫助他們，就努力用心去做。

得獎與否並不那麼重要，但受到肯定，讓我有做更多善事的動力。我並不會因為獲獎了而特別覺得高興，仍舊是以平常心看待，因為這些都是我平時在做的事而已。

幫助尼泊爾震災

民國一〇四年四月，佛陀的故鄉尼泊爾發生芮氏規模7.8級的超級大地震，全國罹難人數超過八千人，房屋倒塌、毀損，情況非常危急，重建家園之路更是困難重重。全國超過上千所學校在大地震當中，校舍幾乎全毀。沒有地方可以上課的孩子，未來的前途茫茫。

我們一家近三十年來一直非常認同慈濟的理念，這次不僅捐款給　上人救災，我的大孫女宜琳更是投入慈濟志工的賑災醫療團服務，三次前往尼泊爾將近一百天的時間，在災區第一線協助發放、簡易教室營建及長期希望工程重建校園的工作。

我們認為，前往尼泊爾賑災不只是提供金錢幫助，更重要的目標是幫助當地人自立、重建校園。教育是國家的希望，如果孩子沒有唸書的話，未來成功的機會等於是零，所以慈濟一直在提倡教育的重要性。**幫助別人並不是直接給一大筆錢，而是幫助他們把基礎建設及基礎教育的根基打好，更重要的是傳法，把正法帶回尼泊爾，心中有法，就有法度。**

孫女從尼泊爾返台後，有次在慈濟靜思堂演講，分享賑災的心得，她向慈濟人說，這些舉動都是受到阿嬤的薰陶，因為阿嬤畢生奉獻在慈善公益上不求回報，八十幾歲高齡還走遍鄉里的學校進行倫理宣導，阿嬤的毅力與善念感動了她，因此現在傳承延續阿嬤的精神，將自己的生命投入更多的社會服務工作。

孫女了解，家人栽培她，希望她成為一個有用的人，對社會付出正向的影響力。從小耳濡目染阿嬤的善心善行，因此能夠有好因緣到佛國故土，用自己的專業能力幫助需要的人，她更放下台灣舒適的生活，到災區前線奉獻，讓我聽了好生欣慰。

原來，做善事不是只有自己快樂，也能影響別人一起加入、獲得成長。

總監之路

我在民國八十九年擔任台灣國際獅子會總監，是國際獅子會東北亞的第一位女性總監，後來在民國九十七年，更受託成為國際蘭馨交流協會中華民國總會總監，全台灣應該只有我一個人，連續做兩屆的總監。尤其是國際獅子會，在我之前，從來沒有女性擔任該會總監。為了在男性為主的組織裡面，能夠讓人服氣，我更是加倍的努力，便有愈來愈多人稱讚我，說女性當總監也可以做得非常好。

記得剛上任的時候，很多人在背後閒言閒語，最常聽到的，不外乎是「女生怎麼可以當獅子會的總監？」之類的耳語，但是我心腸比較軟，選擇把耳朵關起來，不去理會這些負面流言。

獅子會有來自各方不同的人，如何能夠凝聚大家的心呢？想了許久，發現最重要的是身段一定要放軟。人跟人相處，一開始都有距離感，所以我會想一些辦法來拉近彼此的距離。

例如經常禮貌地問候大家，並且邀請大夥兒一同吃飯，或是號召大家一起參與公益活動。只要出席活動，我總是神采奕奕地主動跟大家講話，手機也成天響個不停，不單只是聯絡事情而已，更多的是關心大家好不好、近況如何。

上任不到八個月，我就執行了二十六個活動，包括關懷單親家庭、協助九二一重建、捐贈救難器材、發動捐血……等等。雖然我到六十八歲才做總監，但卻有著十八歲的熱血。

曾經有社團裡的朋友說：「大家都很愛總監，因為她很隨和，而且從不生氣。」我聽了之後很開心，也很安慰，因為我深信待人以誠，不分身份地位，即便是不認識的人，也會很有禮貌的打招呼，主動問候跟他說：「你好！」

愛是良藥

一個「好」的問候語，不僅可以讓對方感到親切，也能夠快速拉近與對方的距離，何樂而不為呢？

相反的，如果覺得總監地位比較高，看到人不打招呼，那麼雙方的距離感就會自然而生了。所以不論是在獅子會或是蘭馨，我從來不覺得自己地位比別人了不起，和每個人都打成一片，不管他是基層，或者是有錢沒錢，都是一樣的。

在社團裡面，我的人緣算是非常好的，我一直把持的原則是做事公正、客觀對事不對人，因此不管公事、私事，有什麼搞不定的事情或是人事糾紛、爭執……各種大大小小的狀況，不論是需要商量諮詢、需要協調的，或只是想吐吐苦水的，他們都會放心的來跟我說。我總會用很婉轉的方式跟技巧，不會讓當事人覺得沒有台階下。

如果是年輕的一輩，我更會把他看成是我的女兒、兒子對待，甚至視為家裡的一份子。不管做什麼事情，都會站在對方的立場替他們想。所謂「將心比心」，你對別人關懷多一分，對方一定會感受得到的。久而久之，便能夠為自己贏得更多的尊重。當員工或是朋友遇到低潮時，我也會站在他們的身旁鼓勵，給予溫暖和支持。

因為個性很正向，所以在社團裡吸引到的人，也都是很好的朋友。所謂「物以類聚」，個性直爽沒有心機的人，自然而然就會變成好朋友，而別有居心的人，也不會向我靠攏。

雖然，當總監已經是十多年前的事情了，但因為一直持續在付出與互動，現在很多人見到我還是會習慣叫我總監，打招呼說：「總監好久不見，我們很想妳！」然後對我又摟又抱，可見我的人氣依舊很旺。

現在我到獅子會或是蘭馨協會活動，只要說一聲：「我要上廁所」，一定馬上會有至少五位女性友人，喊著要一起去。一方面是為我帶路，一方面也怕我年紀大容易跌倒。從小事情的互動上，可以顯見人的相處是互相的，我照顧別人，大家也會照顧我。

六十八歲才學游泳

民國八十九年時，我接下國際獅子會總監職務，為了讓身體更健康、更有體力，旱鴨子的我從六十八歲才開始學游泳。雖然學得比別人辛苦，但這一游就是整整十年，從一開始不諳水性，一路精進到蛙式、仰式、蝶式、自由式都沒問題。

因為一向沒有午睡的習慣，我便在每天下午固定游兩個小時從不間斷，一次可以游兩千公尺之遠。一直游到七十八歲時，因為和我一同游泳的泳伴過世了，我才停止。

年紀這麼大才學游泳，我告訴自己不要怕水，如果水跑到眼睛和嘴巴裡，趕快站起來吐掉或把水撥開，重新整理蛙鏡、泳帽，便繼續再往前游。

愛是良藥

游泳游了十年，我發現體力真的變好了許多，讓我在處理公事時，頭腦更清晰。

至於為什麼是學游泳，而不是其他運動項目呢？理由很簡單，因為游泳可以在室內，不會曬黑。對於愛美的我來說，才不會曬黑、曬出斑。

好人緣

到傳統市場買菜是我的運動也是樂趣。孫子、孫女小時候會陪同我一起前往，幫忙提菜當我的小幫手。現在孫子們年紀大了，大家都有各自的生活跟工作要忙碌，比較少和我到菜市場，但是如果有空的話，還是會陪我去採買一家人的伙食。

每回走進菜市場，攤商們總是很熱情地跟我打招呼，這一攤喚我：「阿嬤」，那一攤喊我：「大姊」，從街頭走到巷尾，招呼聲此起彼落，好像走進自己家裡的灶腳（台語「廚房」的意思）一樣熟悉。

每次到傳統市場，我總是會買很多菜。一般家庭主婦買菜可能這一攤買肉、那攤買菜，再加一些水果，頂多跑三、四個攤位就夠

愛是良藥

了，但我經常是跟每一攤都買，這攤買一點點，那攤也光顧一些些。從頭買到尾的結果，就是每次都滿載而歸，數量多到兒孫們總會很疑惑地問我：「為什麼要買這麼多菜呢？」

因為啊，我覺得這些在菜市場做生意的攤販，都很辛苦，尤其是蹲在路邊賣菜的阿婆，每天承受風吹日曬，無論天冷或下雨仍要出來擺攤，我便會特別的捧場。再者，他們這麼辛苦，菜價又便宜，多買一點讓他們早收工回家休息，也是美事一件。

至於買這麼多菜，怎麼處理呢？別擔心，我總有辦法的。除了煮給家裡人吃之外，也會經常做飯給員工加菜。特別是員工加班的時候，我會特地再煮一份給同仁吃。

愛交年輕朋友

我和先生都非常好客，家裡經常很熱鬧，有各式各樣的朋友及社團的人來家中作客，我們總是親和熱情、非常樂意跟大家結好緣。交朋友的動機，絕對不是因為他的身分地位而和他交往，或是想著友人可以帶給我什麼好處。我們內心其實很簡單，只是想要單純交朋友。

我特別喜歡和年輕人交朋友，我的朋友很多是四、五十歲左右的，有時候朋友聚餐，整桌十多人當中，只有我一人是八十多歲，其他人都可以作我兒、孫的年紀，但我仍舊能和大家相談甚歡。大家喜歡稱我「大姊」、「林媽媽」或是「阿嬤」。

年紀較大的人，想法有時會比較負面、容易批評別人，觀念也比較守舊。跟年輕人在一起，可以學習到新的想法。每次和年輕人相處，會讓我感覺變年輕，我也會提醒自己，不能有倚老賣老、墨守成規的心態及要求。

我希望用一種更開闊、沒有界線的方式，用很開放的心，和這個世界繼續交流。

第七章 保健之道

進入冰冷的手術房，我不曾感到害怕，因為我對自己非常有自信，如果佛祖就這樣將我帶離世間，那也是註定好的，心裡不需有任何的害怕與牽掛。

與癌對抗

我的身體一向都很健康，卻在十多年前突然發現罹患癌症。

有一回因為感冒遲遲未癒，我到慈濟醫院就診，意外發現子宮長了肌瘤，直徑大約五公分之大。當時肌瘤裡面有兩點黑黑的，醫師擔心有可能是惡性腫瘤，需要開刀。

從年輕開始，便從來沒有婦科方面的問題，即使過了更年期之後，也不曾有過不舒服的情況，子宮長期下來是非常正常及健康的。雖然不知道是什麼原因所造成，但是我並不覺得害怕，總覺得生病就要看醫生。

那時候檢查出子宮有肌瘤，是暑假即將到來的燠熱六月天。由於每年七、八月一定會帶孫子出國旅遊，那一年是坐遊輪去海島遊玩，因為已經答應孫子了，不能爽約，便詢問醫生可否等我玩回來再開刀，同時再諮詢其他醫院的院長及醫師的意見。關於病情，我自己想得很開，如果醫生說可以，就太好了，便可以帶著孫子去旅行。

很幸運的，經過診斷後，確定這兩個黑色的點，是良性而非惡性，且不會有立即的危險性。醫生們一致認為沒有開刀的急迫性，再者，多數醫師們知道我喜歡旅行，特別叮囑我：「沒關係，妳愛旅行，就一定要去，千萬記得不要跌倒就好了。」在安排了開刀時間後，我便開心地跟著兒孫出國旅行了。

旅行回來後，我在慈濟醫院嘉義大林院區開刀，從身體裡頭取了五樣東西出來，除了子宮肌瘤外，包括子宮、卵巢、闌尾、膽也割除掉了。為什麼一次拿掉這麼多器官呢？因為我認為，已經沒有用處的器官，就一併處理掉吧。我不會再生小孩，也無生理週期，子宮已無功用；膽的部份則是當中有部份膽結石，因此一併去除；既然肚子開了一刀，闌尾是無用的器官，乾脆也拿出來吧！我是這麼想的。

手術完成後，我感覺渾身清爽、無負擔。開刀後的隔天一早，我便可以毫不費力地坐起來，和到醫院探病的朋友們有說有笑。聽到獅子會的朋友說，下午要在慈濟醫院的會議室開每個月的例會，我更要求要參加。

大家說：「妳昨天才動大手術，怎麼可能今天就能夠開會呢？」但我真的沒有任何不適，當天下午便坐著輪椅，離開病房到醫院的會議室開會。所有人包括醫護人員都感到不可思議，說我是他們見過第一個開刀隔天就可以下床行動、開會的人，而且年紀還這麼大！

開完刀九天後，我就順利出院回家了。

感謝佛祖保佑，這是一個腹腔大手術，我卻完全沒有不舒服的情況。術後至今，也沒有任何飲食上需要特別節制和限制之處，有人說不能吃蛋或少吃膽固醇，我也照吃不誤。

繼子宮肌瘤後，前幾年我又二度罹癌。這次是右半邊肺部得了肺腺癌，還好醫生說是良性的，開刀去除後應該可以復元。巧合的是，這次發現罹癌又是在暑假之前，按照慣例我已經和兒孫約好要出國，機票、船票、飯店都訂好了，因此我再度拜託醫生：「讓我去旅行回來，再開刀好嗎？」

民國一〇〇年九月二十一日這天，我旅行回來後，因為肺腺癌再度進手術房，右邊肺部切除一塊肺葉。當時從腋下開刀非常成功，術後至今沒有任何癌細胞擴散。手術之後原本應該要住院八天，但我住四天就回家了。因為醫生說一般人肺部開刀之後會疼痛，往往要使用麻醉藥來止痛，但是我很幸運的，雖然是大手術，卻沒有任何疼痛的感覺。

由於完全沒用到止痛藥物，住院第四天的時候，醫生認為我與其在醫院過夜，不如返回自己熟悉的地方休養，會比較自在，對病情的康復也更有幫助。在醫院同意之下，我得以提前出院回家靜養，到了拆線的日子，再麻煩醫師到家裡來為我拆線。

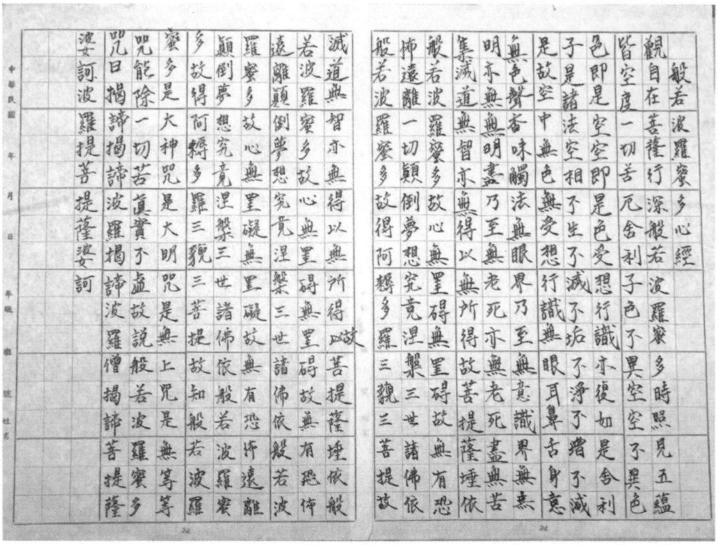
般若波羅蜜多心經
觀自在菩薩行深般若波羅蜜多時照見五蘊
皆空度一切苦厄舍利子色不異空空不異色
色即是空空即是色受想行識亦復如是舍利
子是諸法空相不生不滅不垢不淨不增不減
是故空中無色無受想行識無眼耳鼻舌身意
無色聲香味觸法無眼界乃至無意識界無無
明亦無無明盡乃至無老死亦無老死盡無苦
集滅道無智亦無得以無所得故菩提薩埵依
般若波羅蜜多故心無罣碍無罣碍故無有恐
怖遠離一切顛倒夢想究竟涅槃三世諸佛依
般若波羅蜜多故得阿耨多羅三藐三菩提故

滅道無智亦無得以無所得故菩提薩埵依般
若波羅蜜多故心無罣碍無罣碍故無有恐怖
遠離顛倒夢想究竟涅槃三世諸佛依般若波
羅蜜多故心無罣礙無罣礙故無有恐怖遠離
顛倒夢想究竟涅槃三世諸佛依般若波羅蜜
多故得阿耨多羅三藐三菩提故知般若波羅
蜜多是大神咒是大明咒是無上咒是無等等
咒能除一切苦真實不虛故說般若波羅蜜多
咒曰揭諦揭諦波羅揭諦波羅僧揭諦菩提薩
婆訶波羅提菩提薩婆訶

三年前我發願每天寫心經，至今仍有持續抄寫的習慣。

年過七旬我開過兩次刀，一次開子宮肌瘤，一次開肺腺癌，都是先去旅行，回來再進行手術。進入冰冷的手術房，我不曾感到害怕，因為我對自己非常有自信，如果佛祖就這樣將我帶離世間，那也是註定好的，心裡不需有任何的害怕與牽掛。

我認為人生每天過得充實、快樂最重要，不用去害怕沒有發生的事。有的人很容易杞人憂天，其實這些都是多餘的，隨順因緣、清安自在，是我上了年紀後的人生觀。

我怕失智

我已經八十四歲，身上和臉上卻沒有明顯的老人斑和皺紋。很多第一次見面的人，會猜我的年齡是六、七十歲。一聽到我的真實年紀，無不嚇一大跳，紛紛詢問保養之道。

我有什麼養生之道？說真的，還真是沒有。若真要說養生，我想，每餐都吃飽就是養生了呀！一旦吃飽，心情就會快樂，也有體力做事；如果沒有吃飽，身心靈都虛弱，哪裡來的健康呢？

在飲食方面，我沒有特別的挑選，不會刻意吃素食或者是不吃肉，各類型的營養我都均衡攝取，朋友要聚餐我總是盡可能參加，餐廳裡供應哪一類餐點我都可以接受。

除了兩次開刀經歷之外，我沒有其他身體慢性疾病，可說是非常健康。

但是，在所有的疾病當中，我最擔心會隨著年紀漸長，而罹患失智症。在我的觀念裡，一旦失智，可說是連尊嚴都沒有了。

為此，幾年前我特地到醫院進行檢查，詳細詢問醫生我會不會失智，假如有任何失智的前兆，請趕快開藥治療我。在經過縝密的體檢後，醫生說我目前看起來完全沒有失智的症狀，讓我暫時緩了一口氣。

失智是我最大的恐懼！為了避免發生，我每天不停地動腦想事情，並且活動。在日常生活當中，我經常勞動，因為「要活就要動」，我從來沒有一整天坐著不動。

即使在家裡，也會把家居環境整理得一塵不染。曾有員工見過我和先生的衣櫥，看到衣褲被我折得非常工整、沒有一絲皺褶，並且按照顏色及種類依序排列，直呼比百貨公司陳列架還整齊。

第八章

改變生命的「愛的抱抱」

在擁抱的過程中，好多孩子真情流露，把我抱得緊緊的，有的孩子甚至哭了出來！我也跟著流下感動與不捨的眼淚，全場哭成一片。

六萬五千人的感動

民國一〇二年，我以八十二歲高齡，應邀擔任國際獅子會台灣總會重建倫理委員會中部主委，投入「重建倫理、淨化人心」的宣導工作，在十個月內，走訪了全國一百八十八所校園，與超過六萬五千名莘莘學子講述倫理的重要，以及如何在生活中落實。

我的個性凡事要親力親為，不會因為自己年紀大了，或有一個被

愛是良藥

人尊敬的社會地位，事情就假手於他人來做。只要是認為有意義的事情，一定會親自參與執行，所以這一百八十八所學校，除了少數幾次因為出國、開會等要事無法前往外，我幾乎場場出席。

開始有進入校園進行倫理宣導活動的念頭，一方面當然要感謝國際獅子會的邀約，另一方面則是自己近幾年在生活上有很大的感觸。從小開始，我記得不管多忙，每天全家人都會一起吃晚飯，這個習慣一直到我成為母親、為人媳婦後，依舊延續給我的兒孫。即使我已經八十多歲、五代同堂，家人們仍會每晚放下手邊繁雜事務，共同團聚用餐。

每晚在飯後看電視時，我不禁感慨，近年來的媒體新聞，出現愈來愈多殺父殺母、道德倫理淪喪的報導，有的是為了錢將祖父祖母殺死、有的可能只是為了想買好一點的手機，就把父母給打傷了⋯，這些層出不窮的社會事件，是我覺得很不可思議的事情。

非常巧合地，在同一時間，國際獅子會台灣總會總會長余建璋議長，也憂心於校園學子諸多暴力事件，希望可以找一個有能力的人，到學校裡宣導倫理的重要性，剛好我也很想做這樣的事，但一直苦於沒有管道。

某天，總會長將他的想法告訴一位總幹事，這位總幹事恰好知道我有相同念頭，便向總會長推薦我。當天晚上總會長親自從南部打電話給我，拜託我到校園裡面做倫理淨化的宣導工作。我毫無猶豫，在電話中立刻答應他！

愛是良藥

在答應的當下，我完全沒有考慮體力能不能夠負荷得了，因為我認為我非常地健康，絕對是沒有問題的。再者，我覺得這一切都是佛祖的安排，如果沒有總幹事的居中協助，總會長在南部和我素昧平生，我們絕不可能將彼此的想法串聯起來，我的理念也不可能付諸實行。

收到國際獅子會邀約後，我們都有共同的理念，要端正年輕學子的品德。但是，要從哪邊開始著手執行呢？我的家人及公司很快地協助我動員起來，先生和大兒子一同想辦法，大兒子和媳婦著手繕寫企劃案，先生更出錢超過五百萬元，我則

邀請了幾位好朋友及公司同仁，一起啟動任務。

這項有意義的企劃，很快地獲得了彰化縣卓伯源縣長的肯定及支持，讓活動能夠結合政府、社團、企業的資源及熱心人士，全面性的推廣，讓力量發揮到更大。經過兩個多月的籌劃，我們在民國一〇二年九月二十五日啟動第一場活動。

在一〇二學年度上、下兩學期共十個月當中，我們走訪了以彰化為主的多所學校，還到其他縣市，例如南投、雲林、嘉義西螺、高雄等地。在一百八十八所學校當中，主要以國小為主，還有部份國中及高中校園，希望孩子們從小開始，就能夠培養品格教育的心靈層次，讓修養從小紮根。只要有回覆公文報名的學校，我們幾乎盡可能的全數前往，如因時間關係無法前去，我們也會寄上相關的 DVD 影片，讓學校可以在課堂上播放。

向下紮根工作刻不容緩，因此不管是再冷的冬天，我總會在一大清早五點多、太陽剛升起時就起身準備，幾乎參與了所有場次的宣導活動。有好幾個早晨更是天未透亮，我便起床梳洗、做準備。

每天早上總是非常的開心，帶著雀躍的心情出門，一直到中午之後才返回公司或家裡。即使要跑到很遠的校園、要講很多話，有時候甚至一天跑兩所學校之多，但我一點也不會覺得累，也從來不喊苦，做得非常的快樂。

有幾位和我一同跑校園的員工比我更辛苦，每次都要比我更早起，提前到公司準備物品，把禮物裝袋、到校園掛布條、測試播放設備……等等，非常感謝他們的義務幫忙及付出。

愛是良藥

「孝順」、「禮貌」是最重要的，還要把快樂帶回家

在和學童溝通時，有兩個觀念是我特別想分享的，第一是「孝順」，其次就是「禮貌」，這兩點是我認為孩子從小在家庭教育及校園生活時，就要非常注重的地方。比起書讀得好、考試考第一名，「孝順」、「禮貌」更為重要！

孝順和禮貌聽起來似乎是很抽象的教條，小朋友乍聽之下可能會覺得很反感，父母親也往往不知道該從哪裡著手開始教導孩子，但其實做起來非常簡單，有幾點可以從現在就開始：

（一）**見到長輩要問好**：嘴巴比較甜的孩子，總是惹人疼愛。見到每位長輩，記得要眼睛看著對方，大聲而有朝氣地打招呼。

（二）**遵守吃飯規矩**：餐桌是很重要的禮節培育場所，在我們家，即使工作、學業再忙，晚餐時間一到，一定要暫時放下手邊的事情，一家人聚在一塊兒用餐。在餐桌上，除非有很重要的事，否則不要講電話、看手機，家人應該要交流一天的心情，把感情凝聚起來。

（三）**把快樂帶回家**：在巡迴校園演講時，我發明了「把快樂帶回家」的口號，意思便是每天回家都要和爸爸、媽媽分享今天做了什麼快樂的事？有沒有跟誰說了什麼好話？有沒有幫助了誰？或是今天有什麼事情特別感到快樂的等等。一旦把「快樂」說出口，孩子可以增加更多正面能量，父母親也能夠更了解，並覺得自己的心肝寶貝懂事、長大了。而且父母親一整天工作下來有時會累積負面情緒，藉由聽到及看見孩子分享時的快樂表情，也能夠宣洩掉壓力。

每次走進學校，我總會覺得很心疼，因為現在很多孩子出身自單親家庭，少了爸爸或媽媽的陪伴，無法在完整的家庭環境中長大，有些禮節的觀念會較為薄弱。而有些孩子雖然家庭健全，但是父母親可能因為工作忙碌而疏忽照顧，或是寵愛過頭反而培養出「媽寶」、「小皇帝」……等等。我認為，這些不全然是孩子的錯，而是社會發展得太快速，人心變得容易浮動，加上媒體推波助瀾，整個大環境無法像以前那樣純樸。

在校園演講時，很多孩子聽完後，會主動跑來抱抱我，說：「阿嬤，妳講的話我一定會做到！」一邊說一邊忍不住掉下眼淚，讓人看了好生心疼。我知道這些孩子心裡一定有很多的苦跟委屈，所以我特別留下名片，跟孩子說：「日後如果有什麼需要，請直接打電話給我，看我能不能幫忙你！」我認為，**如果每五百個孩子當中，有一、兩個可以從今天開始，從生活當中就落實孝順和禮貌，那麼，社會風氣要改變，就有希望了！**

每回走進校園，不僅學生們受益，學校的校長及老師也非常的讚美及感謝。很多老師跟學生在演講過後，會寫信給我們，回饋他們的聽後心得，老師跟孩子們都說感觸良多，更有不少老師來信向我們表達感謝，因為有時候教職人員也不知道怎麼教孩子，我們到學校做分享，對為人師表來說，有某種程度上的提點，有著很大的幫助，幫助學校形塑良好品德的氛圍。

近日我聽聞有許多校長打算聯合出書，宣導不同的教育理念及執行方法，我覺得很好，希望能透過各種方式，集結更多校長、老師的力量，來幫助孩子的品格成長。

小不忍則亂大謀

我出身在日據時代，從小就被教育什麼事情都要「忍」，以至於成長過程到現在，不曾說過一句罵人或不好聽的話，無論對待兒、媳、孫子、以至於員工，總是期勉自己「說好話」。即使別人說了對自己不好聽的話語，也還是以好話回應對方，絕不會惡言相向。

為什麼呢？因為我總認為，時間可以證明一切，如果做對事情卻被別人冤枉，唯有「忍」才不會壞了人與人之間的和氣。現代社會很多人都沒有辦法做到「忍」，只要受到一點小小的委屈，便嚥吞不下這口氣，急著證明自己是對的，很容易造成以暴制暴。俗話說「小不忍則亂大謀」，如果大家在出手或出口前，冷靜下來以「忍

愛是良藥

耐」來對待，那麼，事情就不會愈變愈糟了，整個社會也才可以慢慢將流失的傳統倫理道德找回來。

此外，如果可以減少報導媒體上較為負面的新聞，社會將會有更多安定的力量。身為家長也要幫小朋友過濾新聞，不能放任孩子自己去看這些腥、羶、色新聞，內心自然會有正向的意念。倘若每個人都能從「忍」出發，遵循孝順及禮貌，哪怕只是一個人影響一個人，慢慢的、慢慢的將正向力量傳遞出去，我們的社會便能更加和樂了。

在校園做宣導的時候，我聘請了施素卿老師，和大家分享禮貌品格的重要性。施素卿老師非常專業，她的演講生動有趣，從以前聖賢孔子的思想，一路談到忠孝、仁愛、信義、和平等倫理道德，

並用很生活化、有趣的方式和學生互動，同時透過影片觀賞，教導孩子們尊重父母、長輩、他人，要由「禮貌」開始。雖然道理很簡單，但是要身體力行，需要持久的恆心。

我印象很深刻的是，有一次到某個學校宣導，校長在聽施素卿老師演講時，一直打自己的嘴巴，打了十下之多，讓在旁觀看的我嚇了好大一跳。待老師上完課，該位校長上台分享感言時，說出他聽完演講非常感動，並解釋方才自打巴掌的緣由，他說：「我要向天上的媽媽懺悔，我過去對媽媽的態度不禮貌，讓她失望。希望媽媽在天上能原諒我。」說完後眼淚撲簌落下，聽得全場動人，好多人也感動的跟著掉淚。

施素卿老師上課的方式很生活化，一堂課的內容，她會依照不同學校孩子們的狀況及特性而略有調整，而且她還有第六感，覺得這個學校著重在哪方面，她便會事前設計演講內容。

很多老師向我們反應，許多孩子的禮貌很不好，可能是現代父母過於忙碌，以致於沒有辦法負起教育小孩的責任，造成孩子開始上小學後，學校老師會有不好教的感慨。曾經好幾次，施老師在演講時，感覺到某一個學生需要改善態度，她便會在影片欣賞後直接點名他，問這位孩子：「你在家裡會不會像影片當中這樣？你在家裡是怎麼和父母相處的呢？」話還沒問完，被點到名的學生，往往就會開始哭泣了，嗚咽著說：「我對媽媽的態度不好，我會改進的！」施素卿老師接著會引導學生，總是能讓孩子們說出真心話，並且說出以後不對父母惡言相向。

一旦孩子自己把話講出來，那種正面的強度，會比單方面聽我或講師在台上分享更有力量！

愛的抱抱

在每一場校園倫理宣導活動的中間，我會幫孩子準備他們最愛、也是時下流行的可愛小、中型黃色小鴨，來作為有獎徵答的禮物，等到活動的最後，再準備大型的黃色小鴨做為紀念。我告訴學生們：「這是你們的鎮校之寶，哪一個班級表現最好，就把這隻鴨放在那一班。看到這隻鴨，就會想到我們曾經來過這邊分享的小故事，記得要孝順、有禮貌、把快樂帶回家呦～」孩子們收到後，總是非常高興，拿著小鴨與我合照、擁抱，也有孩子會親我的臉頰。當每次活動結束後，孩子們主動過來擁抱我的那一剎那，是我最快樂的時光。

有次，我們前往南投中寮的山上，那兒有十多個孩子，我和團隊一早四點多就起床準備，再專程開了兩個小時的車上山，到校園和他們分享倫理。

事前收到他們邀請的時候，同仁原本認為中寮位處深山，交通不方便，擔心我的體力負荷不了，一度考慮不前往，改寄宣導影片給校方。但是我獨排眾議，說：「那兒太偏遠了，生活不像都市便利，獲取資訊的來源管道也不足，如果我們能給他們溫暖及關心，即使只能發揮一點點影響力，也是值得的。」事後證明，這一趟專程前往是非常值得的，山上很多孩子是單親或隔代教養，他們聽到孝順的訊息後，受到很大的感動及啟發。

在上百場次的分享當中，我最感動的一場，就屬到彰化幫輔育院的孩子上課了。事前我懷著忐忑的心情，擔心孩子們是否會排斥或者面露不悅，但事後了解這都是多慮的。

我也考慮過孩子們或許會期待我帶禮物，但又不能讓他們覺得太貴重或顯得很刻意，加上所有帶進輔育院的東西都要經過院方同意，最後，我送給每個孩子彰化有名的桂圓蛋糕，一盒有四個小小的可口蛋糕，每個人收到後都露出燦爛笑容，立刻拉近第一次見面的距離。

我跟孩子們說：「今天是阿嬤很開心的一天，能夠看到你們這些小朋友懂得改過、向善，心裡覺得很欣慰。」結束上課後，我問他們：「想不想給阿嬤抱抱？」孩子紛紛都說好，我便請每一個人來排隊，四百多個孩子一個一個輪流擁抱。

在擁抱的過程中，好多孩子真情流露，把我抱得緊緊的，有的孩子甚至哭了出來！我也跟著流下感動與不捨的眼淚，全場哭成一片。

在擁抱的那一刻，孩子展現出最真誠的一面，我完全忘記他們犯過錯，就和一般的小孩一樣。我們之間雖然沒有深刻的情感，但是在短短擁抱的瞬間，產生了好溫暖的愛，我知道這些孩子有受委屈的、也有想家的。

有的孩子跟我說：「阿嬤，妳下次再來的時候，我一定不會在這裡了！我會很乖的回到家裡孝順父母。」讓人聽了為之動容。這些孩子雖然都犯過錯，但不至於罪大惡極，有些孩子是在破碎的單親家庭中長大，缺乏完整的父母之情，社會應該要給予更多的包容，讓他們有重新站起來的力量。

十幾個學生的校園，我去；多達一千六百個學生、在大禮堂開講的校園我也去，原本目標訂二十四場，禁不起彰化縣卓伯源縣長的勸進，我們加碼到一百一十場，修正為三萬學童受惠，沒想到學校反應熱烈、後期欲罷不能，最後我們跑了一百八十八場，共有六萬五千三百八十八位孩子參與，遠遠超出目標許多！

第二年我們又跑了五十個學校，第三年的計劃也繼續進行著。不只我投入，我的兒孫及身邊的朋友們，大家也感染到我提倡的理念，透過不同管道，協助更多單位投入淨化人心、重建社會倫理及教育重建工作。

成立基金會

自從擔任國際獅子會台灣總會品格教育委員會主任委員，到學校從事「重建倫理、淨化人心」宣導工作以來，雖然自己出錢又出力，聽起來是件苦差事，但是我的心情是愈來愈快樂的，身體也益發健康。跑完上百場學校之後，我完全不覺得疲累想休息，相反的，懷著無比興奮的心情，想要貢獻更多。

不過，宣導活動是國際獅子會的階段性工作，有一天總是會停辦。為了能夠持續從事社會服務及教育宣導，也為了不讓我有像失業般的失落感，因而在大兒子的企劃及先生的全力支持之下，有了成立基金會的構想。

在多方努力下，終於在民國一〇三年最後一天、十二月三十一日，我們完成了「財團法人滄洲教育基金會」的設立登記。成立基金會是大兒子的孝心，他希望我可以把關懷延續下去，但我覺得應該用先生林滄洲的名字做為基金會名稱，畢竟如果沒有他的支持，我一個人的力量是絕對沒有辦法完成的。

先生對於基金會的一切運作，全權交由我處理，他完全不干涉，但卻以足夠的金援，成為我最強的後盾。基金會成立的目的，最主要是鼓勵學習活動、厚植人文涵養、端正社會風氣、促進社會和諧、提昇國民素質為宗旨。

成立滄洲教育基金會後，基金會工作團隊秉持愛鄉助人的宗旨，繼續進入校園。隔年（一〇四年）三月開始，我們便正式以基金會名義向各學校發文，進入學校進行品德教育。

先前以獅子會名義舉辦的一百八十八場活動的重點，在於「重建倫理、淨化人心」，而成立基金會後的校園宣導重點，則放在「提昇品格、自律負責」。因為我們覺得，目前很多學生沒有做好自我管理，所以我們向孩子宣導要擁有管理、要求自己的能力，**如果可以管理好自我，就不會影響到別人，也不致於有這麼多社會亂象**。

一〇四年度的活動重點，同時也是配合彰化縣各國中小辦理的「提昇品格、自律負責」校園講座。這回我們再度邀請非常能夠貼近孩童內心、懂得年輕人語言的施素卿老師到各校主講，透過演講及短片，引導學生以禮待人，從自律、負責、修養自己做起，進而落實於生活、家庭與社區中。該年度活動已經影響兩萬多名學童，讓自律自發的種子在孩子心中紮實地發芽著。

經過連續兩年的校園宣導活動，我成為學童們心目中的「彰化阿嬤」。每到一場學校，都會有好多孩子與我「愛的抱抱」。每個孩子看到我，就像家裡的阿嬤一樣熟悉又親切。

有些朋友看我每天跑校園，勸我不用這麼辛苦，八十多歲大可以在家含飴弄孫，或是出國旅遊。更甚者，可以將公益活動委由公關公司執行，更為輕鬆省力。也有很多人問我：「這樣馬不停蹄的跑校園，難道不會累嗎？」

我總說：「一點也不會累。」看到孩子們天真無邪的笑容與問答，在結束後跑過來跟我擁抱，那一剎那我感覺好像回到小時候那種純真樸實的快樂。如果能夠透過簡單的眼神和言語交流，為孩子們的人生帶來一點點希望，讓他們可以把快樂帶回家，就已足夠。

孩子是國家未來的主人，而學童的品德教育是最重要的議題，因此目前我和工作團隊將會持續投入倫理宣導活動，希望能夠回饋社會，實踐重建倫理，促進道德提升的理念，加強學童的道德修養，使其擁有自律、負責等自我管理的觀念，對他人尊重、對多元文化的理解與欣賞的能力，進而建立良好的品格，建立安定、安全、詳和的社會。

滄洲教育基金會從事公益從不落人後，也希望有更多各界力量，包含社團、企業等社會資源共同合作，一起為教育挹注更多的關心與投入，為養成未來好公民付出更多的努力，營造更好的品德教育學習環境。

此外，滄洲教育基金會在不久的未來，即將有新的工作目標。我們會提供獎助學金，給予中美兄弟製藥的會員店成員來申請，只要考到藥師執照等的孩子，都可以向基金會申請獎助學金，希望可以鼓勵更多孩子投入良藥濟世的行列。

附錄

中美兄弟製藥公司／事紀

◆民國二十五年林金枝創立中米藥房

◆民國三十六年改名為中美製藥廠，生產各種西藥

◆民國四十八年獲美國評定為中部地區的第一家A級綜合製藥廠

◆民國五十七年公司擴大改組，改名為中美兄弟製藥公司，由林滄洲接任董事長迄今

◆民國八十八年核准為台灣第一家GMP藥廠生產飲料產品，最具代表的就是老虎牙子，這也是第一支機能性飲料

◆民國一〇一年榮獲國家生技醫療品質獎

◆民國一〇一年「便通樂」獲通路商屈臣氏頒予年度最佳商品獎

◆民國一〇二年「優美孅」獲屈臣氏頒發年度最佳新品

◆民國一〇三年公司榮獲全球目前最嚴謹製藥規範PIC/S GMP認証

林施淑美／事紀

經歷

◆花蓮市第一信用合作社 出納主任

◆國際獅子會300-C3區 民國八十九-九十年 總監（*東北亞首任女總監）

◆國際蘭馨交流協會中華民國總會 民國九十七-九十八年 總監

◆國際獅子會台灣總會 民國一〇〇—一〇一年 榮譽副總會長

◆國際獅子會台灣總會民國一〇〇—一〇一年 年會主任委員

◆國際獅子會台灣總會民國一〇二—一〇三年 重建倫理委員會中部主任委員

現職

- 熹樂企業有限公司 董事長
- 中美兄弟製藥股份有限公司 監察人
- 有氧生活股份有限公司（老虎牙子） 董事
- 國際獅子會台灣總會民國一〇四—一〇五年 品格教育委員會主任委員
- 財團法人中華兒童福利基金會彰化家扶中心扶幼委員會 委員暨永久認養人
- 財團法人佛教慈濟慈善事業基金會 榮譽董事
- 財團法人彰化縣私立秀和慈善事業基金會 名譽理事
- 彰化縣新女性關懷協會 榮譽顧問
- 中華民國婦女聯合會彰化縣分會 榮譽顧問
- 彰化縣觀護志工協進會 顧問團團長
- 社團法人彰化縣脊髓損傷重建協會 名譽理事長
- 財團法人滄洲教育基金會 常務董事

愛是良藥

榮賞

◆民國七十七年當選全國好人好事代表
◆民國八十六年當選國際蘭馨交流協會「模範職業夫妻 - 金侶獎」
◆民國八十七年當選「全國和睦家庭楷模」
◆民國八十九年獲頒台中師管區司令部青溪模範母親
◆民國一〇〇年當選國際獅子會 300-C3 區 婆媳楷模
◆民國一〇二年獲頒台灣省政府「福而好禮」楷模
◆民國一〇三年獲頒衛生福利部三等「專業獎章」表揚
◆民國一〇三年獲頒「中華民國第十三屆金舵獎學校輔導類」得獎人
◆民國一〇三年獲頒「彰化縣 品格之星 表揚」

【2AF340】愛是良藥

作　　者　林施淑美
採訪整理　林貝絲
攝　　影　涅絲耳茶
責任編輯　溫淑閔、李素卿
主　　編　溫淑閔
版面構成　江麗姿
封面設計　任紀宗

行銷專員　辛政遠
總 編 輯　姚蜀芸
副 社 長　黃錫鉉

總 經 理　吳濱伶
發 行 人　何飛鵬
出　　版　創意市集

發　　行　城邦文化事業股份有限公司
歡迎光臨城邦讀書花園
網址：www.cite.com.tw

統　　籌　財團法人滄洲教育基金會

香港發行所　城邦（香港）出版集團有限公司
香港灣仔駱克道 193 號東超商業中心 1 樓
電話：(852) 25086231
傳真：(852) 25789337
E-mail：hkcite@biznetvigator.com

馬新發行所　馬新發行所　城邦（馬新）出版集團
Cite (M) Sdn Bhd
41, Jalan Radin Anum, Bandar Baru Sri Petaling,57000 Kuala Lumpur, Malaysia.
電話：(603) 90578822
傳真：(603) 90576622
E-mail：cite@cite.com.my

印　　刷　凱林彩印股份有限公司
2016 年（民 105）2 月　初版 1 刷
Printed in Taiwan
定　　價　300 元

客戶服務中心
地址：10483 台北市中山區民生東路二段 141 號 B1 樓
服務電話：（02）2500-7718、（02）2500-7719
服務時間：周一至周五 9：30 ～ 18：00
24 小時傳真專線：（02）2500-1990 ～ 3
E-mail：service@readingclub.com.tw

※ 詢問書籍問題前，請註明您所購買的書名及書號，以及在哪一頁有問題，以便我們能加快處理速度為您服務。

※ 我們的回答範圍，恕僅限書籍本身問題及內容撰寫不清楚的地方，關於軟體、硬體本身的問題及衍生的操作狀況，請向原廠商洽詢處理。

※ 廠商合作、作者投稿、讀者意見回饋，請至：
FB 粉絲團 · http://www.facebook.com/innofair
Email 信箱 · ifbook@hmg.com.tw

國家圖書館出版品預行編目 (CIP) 資料

愛是良藥　/　林施淑美　著 .
-- 初版 . -- 臺北市 : 創意市集出版 : 城邦文化發行 , 民 105.02 面；　公分

ISBN 978-986-92338-7-3(平裝)
1. 林施淑美 2. 臺灣傳記 3. 企業經營

783.3886　　　104026273

若書籍外觀有破損、缺頁、裝訂錯誤等不完整現象，想要換書、退書，或您有大量購書的需求服務，都請與客服中心聯繫。